OLIVIA M. SWARTHOUT

RITTER, FRÄULEIN, UNGEHEUER

oder einfach durchgeknalltes MITTELALTER

Bibliografische Information der Deutschen Nationalbibliothek
Die Deutsche Nationalbibliothek verzeichnet diese Publikation in der Deutschen Nationalbibliografie. Detaillierte bibliografische Daten sind im Internet über http://d-nb.de abrufbar.

Für Fragen und Anregungen
info@m-vg.de

1. Auflage 2024

Türkenstraße 89
80799 München
Tel.: 089 651285-0

Die englische Originalausgabe erschien 2023 bei Square Peg, einem Imprint von Vintage, unter dem Titel *Weird Medieval Guys*. Vintage is part of the Penguin Random House group of companies.

Übersetzung, Redaktion und Satz: Rotkel. Die Textwerkstatt
Umschlaggestaltung: Pamela Machleidt, adaptiert vom Originalumschlag
Umschlagabbildungen: Paris, Nationalbibliothek: Français 12400, fol. 75v (Fledermaus); Paris, Bibliothèque Mazarine: MS 62, fol. 70v (Schnecke); Heidelberg, Universitätsbibliothek: Cod. Pal. germ. 848, fol. 412r (»Der wilde Alexander«) / Cod. Pal. germ. 848, fol. 189v (Ermordungsszene)
Abbildung auf dem Vor-/Nachsatz: Ausschnitt von Hieronymus Boschs »Der Garten der Lüste«.
Druck: Florjancic Tisk d.o.o., Slowenien
Printed in the EU

ISBN Print 978-3-7423-2700-0
ISBN E-Book (PDF) 978-3-7453-2461-7
ISBN E-Book (EPUB, Mobi) 978-3-7453-2460-0

OLIVIA M. SWARTHOUT

RITTER, FRÄULEIN, UNGEHEUER

oder einfach durchgeknalltes MITTELALTER

Vom Leben, Lieben, Lachen (und Sterben) in dunklen Zeiten

riva

INHALT

2. TEIL: BESTIARIUM ... 106

ANMERKUNG DER AUTORIN

Die meisten Abbildungen und Geschichten in diesem Buch stammen aus Handschriften, die vor 500 bis 1500 Jahren angefertigt wurden. Wenn man's recht bedenkt, ist das sehr lange her.

Sich auszumalen, wie die Leute vor 1000 Jahren drauf waren, ist gar nicht so leicht. Man stelle sich nur mal vor, wie die sich wohl vorkämen, wenn sie in die Zukunft schauen würden, um sich ein Bild von uns zu machen. Unsere Welt würde ihnen total seltsam erscheinen. Sie kannten weder Pizzalieferdienste noch die Tücken des Onlinedatings für Leute ab 30. Die meisten wären nicht im Traum daraufgekommen, dass wir einmal in der Lage sein würden, Jahrhunderte der Kunst- und Literaturgeschichte in Nullkommanichts von einem Gerät namens »Handy« abzurufen, das weniger als eine Rübe wiegt. Könnte man ins europäische Mittelalter zurückreisen und jemandem erzählen, dass seine Werke eines Tages in ferner Zukunft von Tausenden von Menschen rund um die Welt betrachtet werden können, würde derjenige wahrscheinlich so was wie »Hwæt?« sagen, was Altenglisch ist und »Was?« heißt.

Im April 2022 eröffnete ich einen Twitteraccount namens »weird medieval guys« in der Hoffnung, die unterschätzte Welt der mittelalterlichen Handschriften und ihrer Illustrationskunst zu beleuchten. Wie ein Schreiber von einst rechnete auch ich kaum damit, mehr als eine Handvoll Leute mit meiner Arbeit zu erreichen. Dass mir inzwischen mehr als eine halbe Million von euch folgen, ist unfassbar.

Im Wesentlichen bin ich nur eine Plattform für diejenigen, die all diese Bilder einst schufen. Illustratoren mittelalterlicher Handschriften schufen ihre Kunst nicht in der Erwartung, dass sie einmal öffentlich ausgestellt würde. Bücher waren Raritäten in Privatbesitz, die nur wenige Menschen lesen und noch weniger sich leisten konnten. Die kunstvollen Darstellungen sollten den Leser informieren, bilden und unterhalten. Zwar sind Buchillustrationen kleiner und schlichter als die Gemälde berühmter Meister. Oft aber wirken sie persönlicher, wie ein intimer Einblick in die mittelalterliche Seele. Ein Gemälde von Rembrandt gebietet Ehrfurcht, doch eine im 13. Jahrhundert flüchtig angefertigte Zeichnung von einer Person, die eine riesige Fledermaus boxt, lädt dazu ein, gemeinsam mit jemandem zu lachen, der vor mehr als 700 Jahren gelebt hat. Einen kurzen Moment lang erscheint dieser Jemand real.

Auch wenn ich keine qualifizierte Historikerin bin, habe ich doch ein Höchstmaß an Liebe und Respekt gegenüber der Welt des Mittelalters in dieses Buch einfließen lassen. Die Überzeugungen, die in ihm zum Ausdruck kommen, sind nicht die meinen. Ich gebe sie auch nicht unkritisch wieder: Wir können mit den Menschen des Mittelalters gemeinsam lachen, aber wir können sie auch auslachen und dankbar sein, dass unsere Welt so viele der Vorurteile und Unwahrheiten abgelegt hat, die so lange unangefochten waren.

Doch damit genug vom 21. Jahrhundert. Ab geht's ins durchgeknallte Mittelalter.

AM

ANFANG

Am Anfang war das Nichts. Zumindest darüber sind sich die meisten von uns einig. Danach wird die Sache etwas verzwickter. Aber lange Zeit ging die Geschichte für viele Menschen folgendermaßen weiter:

GOTT SCHUF JEDEN TAG EIN PAAR NEUE DINGE:

Am ersten Tag

schuf er die Finsternis und das Licht.

Am zweiten Tag

schuf er den Himmel und die Wolken.

Am dritten Tag

schuf er das Land, das Meer und die Pflanzen.

Am vierten Tag

schuf er die Sonne, den Mond und die Sterne.

Am fünften Tag

schuf er die Geschöpfe des Meeres, die Geschöpfe des Himmels und die Insekten.

Am sechsten Tag

schuf er die Geschöpfe der Erde, allen voran die Menschen. Gott schuf die Menschen nach seinem Bild und übergab uns den Rest seiner Schöpfung ... sozusagen als Geburtstagsgeschenk.

Am siebten Tag

ruhte er sich aus.

Danach lebten wir mit allen Tieren gemeinsam in einem großen Garten, und wir durften ihnen sogar Namen geben, weil Gott irgendwie noch nicht dazu gekommen war. Es gab nichts Böses, keine Gewalt, kein Geld, keinen Ärger und keine Scham. Alles war ziemlich unkompliziert, allerdings nur für kurze Zeit. Leider taten wir ausgerechnet das, was wir nicht tun sollten, und danach änderte sich so ziemlich alles.

Wir mussten fortan alles selber auf die Reihe bekommen, und das sollte sich als ziemliches Kuddelmuddel herausstellen. Wir kriegten Kinder, die ihrerseits Kinder kriegten, und immer so fort, bis die Erde voller Menschen war. Wir begingen so einige Verbrechen, taten aber auch Gutes, und im Großen und Ganzen hat sich das so halbwegs ausgeglichen, hoffentlich.

Gott blieb in Kontakt und besuchte uns sogar ein paarmal.

Die Höhen und Tiefen der ersten paar Tausend Jahre

Allerdings blieb er nie lange.

Wir mögen das Paradies gegen ewiges Sterben und Steuernzahlen eingetauscht haben, aber so schlimm ist das alles nun auch wieder nicht. Immerhin hat Gott uns nach seinem Bild geschaffen, und was von der Natur noch übrig ist, gehört uns auch immer noch. In seiner unendlichen Weisheit und womöglich in der Voraussicht, dass die Einrichtung »Eden« ohnehin nicht von Dauer sein würde, versteckte Gott alle möglichen Warnungen und Lektionen in seiner Schöpfung, damit wir sie finden mögen. Das Wachstum der Pflanzen, das Verhalten der Tiere: Alles auf der Welt ist Spiegelbild der göttlichen Intelligenz des Schöpfers. Obwohl wir besser sind als alle übrigen Lebensformen auf dieser Erde, heißt das nicht, dass wir nicht von all dem, was uns untergeordnet ist, durch Beobachtung lernen könnten, wie wir selbst immer noch besser werden können. Denn wie im Menschen, so existiert auch in allen Kreaturen, die da kreuchen und fleuchen und herumschwimmen, Böses und Gutes gleichermaßen. Unterwegs auf dem Pfad der Erkenntnis, was es mit unserem Planeten auf sich habe, haben wir womöglich ein Buch mit Informationen verfasst. Es sollte eigentlich gar nicht informieren, sondern inspirieren. Hoffen wir mal, dass es so aufgefasst worden ist.

Es dauerte nicht lange, und Gott erschuf alles. Alles zu erschaffen war allerdings nicht leicht, also musste Gott schrittweise vorgehen

DIE WELT

EINE KARTE DER BEKANNTEN WELT AUS DEM JAHRE 1490, AUS DER PERSPEKTIVE DER STADT FLORENZ

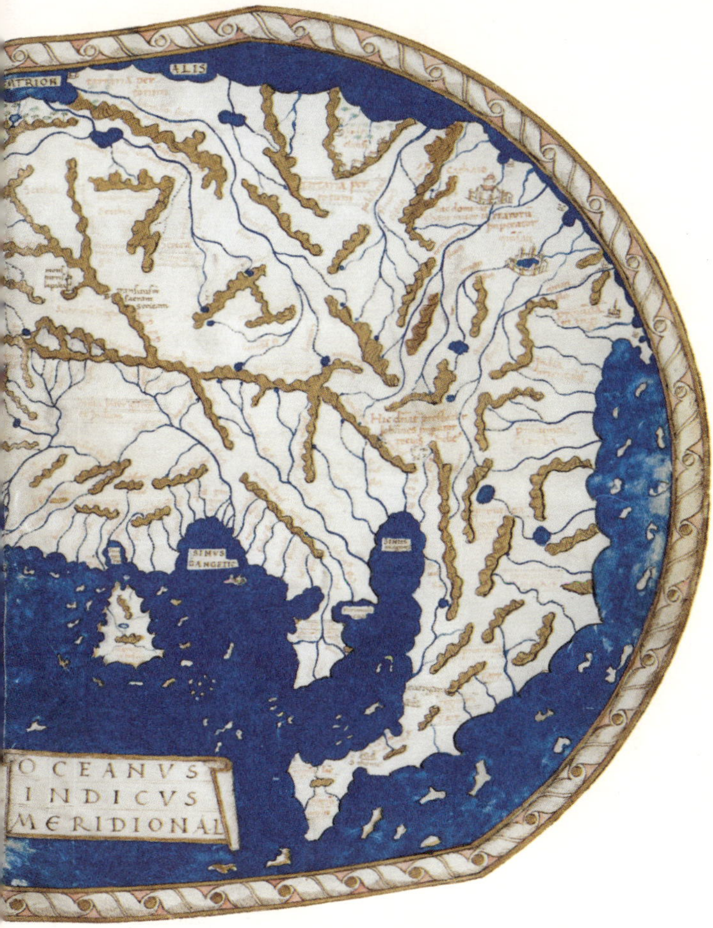
OCEANVS
INDICVS
MERIDIONAL
SINVS
GANGETICVS

1. TEIL

DIE MÜHSAL. WIE MAN LEBEN, LIEBE UND TOD ÜBERLEBT

LEBEN
Kreaturen der Erde

LIEBE
Kreaturen des Himmels

TOD
Kreaturen der Meere

LEBEN

Weißt du noch, wie dir am Anfang die ganze Erde UND die ganze Natur UND sämtliche Lebewesen anvertraut wurden? Nun brauchst du nur noch zuzugreifen, und es ist an der Zeit zu schauen, was die Welt zu bieten hat! Es ist an der Zeit, dass du dein eigenes abgedrehtes Mittelalter-Dasein beginnst. Die meisten Menschen bekommen nur einmal die Chance zu leben. Wisse diese Gelegenheit eines Neubeginns zu schätzen, und erobere dir deinen Platz in der Welt.

Willkommen im LEBEN!

WER WIRST DU SEIN?

Wenn du ein Leben im Mittelalter beginnen willst, brauchst du einen zünftigen Namen, nicht irgendeinen läppischen modernen. Sicher, viele Europäer hießen im Mittelalter Johann, Maria oder Katharina, aber willst du nicht vielleicht doch etwas *Pfiffigeres*? Natürlich willst du das.

Fangen wir mit einem Vornamen an. Um herauszufinden, wie du von jetzt an heißt, schaue in der Zeile nach, die mit der Zahl des Tages deines Geburtsdatums gekennzeichnet ist. Wähle aus den entsprechenden drei Spalten den Namen aus, der am besten zu dir passt, und begrüße dein neues mittelalterliches Ich.[1]

1. Geschlechtsneutrale Namen waren im Mittelalter extrem unüblich. Die meisten Namen hatten eine männliche und eine weibliche Form, die einander zugeordnet waren. Daher finden sich in der dritten Spalte mittelalterliche Substantive oder Adjektive, die sich ebenfalls vorzüglich als Namen eignen.

	Männliche Namen	Weibliche Namen	Namen für alle
1	Bertwin	Prünhilde	Ganeist
2	Valerian	Illuminata	Duve
3	Isenbard	Yolanda	Mære
4	Minnemann	Peregrina	Bihonnie
5	Boguslav	Sibyl	Bluc
6	Odelhard	Hildegard	Azorp
7	Prospero	Abba	Giude
8	Namegud	Admiranda	Swerc
9	Hartrad	Aurofina	Zinciber
10	Feist	Griselda	Nedder
11	Tanquard	Clotilda	Molle
12	Thorkill	Imagina	Schingebreche
13	Gangwolf	Gundred	Ellende
14	Gumbert	Isangart	Azedam
15	Meusewin	Beatrix	Azolemode
16	Humiliosus	Wulfeva	Guft
17	Dragomir	Wulfwynn	Tunkele
18	Odo	Kunigunde	Freise
19	Crispin	Bonissima	Vromic
20	Ludolf	Euphrosyne	Gunge
21	Ruckelin	Herberta	Hoskin
22	Halfdan	Frigg	Rubin
23	Helmhard	Morbida	Lint
24	Oswain	Petronilla	Zelen
25	Laslob	Amabel	Wolfzant
26	Salman	Kriemhilt	Isenkec
27	Tragebodo	Jeronima	Bere
28	Volhart	Primavera	Rategeve
29	Wilderich	Apollonia	Val
30	Meingod	Agnes	Avis
31	Manwulf	Borbala	Gotvar

Adjektive	Substantive
Dinster... (dunkel, finster)	**...snœdelinc** (schlechter Mensch)
Gogel... (lustig, ausgelassen)	**...smiel** (Lächeln)
Graz... (wütend, zornig)	**...ars** (Hintern)
Viuhte... (feucht)	**...vuoz** (Fuß)
Wadel... (langhaarig; unstet)	**...topf** (Schädel)
Tobic... (rasend, wahnsinnig)	**...karl** (einfacher Mann, Kerl)
Vûl... (verfault)	**...kone** (Ehefrau)
Snel... (schnell)	**...gate** (Ehemann)
Quât... (böse, schlimm)	**...schuoche** (Schuhe)
Wîse... (weise)	**...nase** (Nase)
Mehtic... (mächtig)	**...geist** (Geist, Seele, Sinn)
Baldic... (mutig, kühn)	**...vâlantîn** (teuflische, wilde Frau)
Grôz... (groß)	**...bein** (Knochen)
Beglumet... (getäuscht, überlistet)	**...râche** (Rache)
Hüglich... (freudig, fröhlich)	**...trût** (Geliebte*r)
Touc... (geheimnisvoll, wunderbar)	**...herze** (Herz, Gemüt)
Lam... (lahm, langsam)	**...kœse** (Rede, Gespräch, Geschwätz)
Michel... (sehr, viel)	

Wahrscheinlich hast du einen Nachnamen, aber die gab's keineswegs schon immer! Im Mittelalter hatten viele Leute keinen Familiennamen, was zu einer Zeit, in der der Großteil der deutschen Männer Christian hieß, zu ziemlichen Verwirrungen führen konnte. Hier kommt dein *Beiname* ins Spiel. Der Beiname ist ein Spitzname, der für gewöhnlich etwas über dein Erscheinungsbild, dein Verhalten oder deine Herkunft aussagt. In der Regel konnte man ihn sich nicht selbst aussuchen – wie bei Spitznamen üblich wählten deine Zeitgenossen den Namen, der am besten zu dir passt. Und mit dem musstest du dann vorliebnehmen.

Bitte getreu der mittelalterlichen Tradition eine Person deines Vertrauens, aus der Liste links ein Adjektiv und ein Substantiv auszuwählen, von dem diese Person meint, dass sie dich am besten beschreiben.

Kombiniere beide Wörter, und schon hast du deinen Beinamen. Verbinde sodann deinen Vornamen und deinen Beinamen, und du bist auf dem besten Weg, ein waschechter Einheimischer zu werden.

MITTELALTER-SLANG VON A BIS Z

Ein Name ist schon mal ein guter Anfang, aber du wirst auch ein paar ortsübliche Vokabeln draufhaben müssen. Es folgen einige mittelalterliche Wörter, mit denen du im Handumdrehen wie ein Muttersprachler klingst.

ARC
(DEUTSCH, ADJ.)
übel, böse, schlecht, gefährlich

BORETIURE
(DEUTSCH, ADJ.)
sehr wertvoll, sehr kostbar

CUCURBITARIUS
(LATEIN, NOMEN)
Liebhaber von Kürbisgewächsen

EIN KUMBERNAGEL SÎN
(DEUTSCH, VERB)
den Kummer vertreiben

FULGETRUM
(LATEIN, NOMEN)
Wetterleuchten

Zwei echte Kompanjûne, England, 14. Jahrhundert

GEIZKÆSE
(DEUTSCH, NOMEN)
Ziegenkäse

GRAVILOQUUS
(LATEIN, NOMEN)
Person, die getragen und ernst spricht

HALOPHANTA
(LATEIN, NOMEN)
begabter Lügner

HÔCHVERTLICH
(DEUTSCH, ADJ.)
überheblich, stolz

INANIMUS
(LATEIN, ADJ.)
seelenlos, leblos

JUGULARE MORTUOS
(LATEIN, VERB)
eine Person treten, die am Boden liegt; wörtlich: »Toten den Hals durchschneiden«

KARGEN
(DEUTSCH, VERB)
betrübt sein, besorgt sein

KLUTERSPIL
(DEUTSCH, NOMEN)
Gaukelei, Trick, Täuschung

KNÛZ
(DEUTSCH, ADV.)
Wie toll!

KOMPANJÛN
(DEUTSCH, NOMEN)
Gefährte, Begleiter, Getreuer

LINGULACA
(LATEIN, NOMEN)
geschwätzige Frau

LÎPVUOTER
(DEUTSCH, NOMEN)
Nahrung

LUBETSCH
(DEUTSCH, NOMEN)
einfältiger Mensch, Tölpel

Merobiba an einem typischen Freitagabend

MAGNALIA (LATEIN, NOMEN)
große, staunenswerte Dinge

MALEFICUS (LATEIN, NOMEN)
Person, die anderen Schaden zufügt

MEROBIBA (LATEIN, NOMEN)
Frau, die gerne sehr starken Wein trinkt

MÜEDINC (DEUTSCH, NOMEN)
unglücklicher, elender Mensch

OBIURGATRIX (LATEIN, NOMEN)
Frau, die gerne meckert oder maßregelt

PHILOLOGUS (LATEIN, NOMEN)
Liebhaber des Wortes

PROSERPERE (LATEIN, VERB)
wie eine Schlange herumkriechen

SCORTARI (LATEIN, VERB)
sich mit Dirnen abgeben

SENFTEBÆRE (DEUTSCH, ADJ.)
ruhig, angenehm

STERILIS AMATOR (LATEIN, NOMEN)
Liebhaber, der kein Geld hat

ÛZWELLEN (DEUTSCH, VERB)
überkochen, so wie ein Topf

VÜRDERWENKEN (DEUTSCH, VERB)
den Rückzug antreten

Philologus in seinem natürlichen Habitat

»Ich hoffe, du findest mein Spiel überaus … senftebære.«

DEIN HOROSKOP

Im Mittelalter hatte die Astrologie einen hohen Stellenwert und konnte dazu genutzt werden, Aussagen über das Wetter, die Ernte und sonstige Naturerscheinungen zu treffen. Seit Langem schreibt man der Sternenkonstellation zum Zeitpunkt der Geburt eines Menschen einen Einfluss auf dessen Persönlichkeit zu.

Schauen wir mal, was die mittelalterlichen Sterne über dich zu sagen haben!

WIDDER
(21. März - 20. April)

Element: Feuer
Planet: Mars

Du bist mutig und sagst selbst in den schwierigsten Situationen beherzt deine Meinung. Das macht dich zu einer erheblichen Belastung für dich selbst und andere. Die Anzahl der Wirtshausschlägereien, in die du verwickelt warst, ist groß, und die Zahl deiner Niederlagen nur unwesentlich kleiner.

STIER
(21. April - 20. Mai)

Element: Erde
Planet: Venus

Du bist eine fähige, intelligente Person und verwendest den Großteil deiner Zeit und Energie darauf, Wege zu finden, deine Pflichten zu umgehen. Alle halten dich für einen kompletten Trottel und erwarten nur sehr wenig von dir. Genau diesen Eindruck willst du auch erwecken.

ZWILLINGE
(21. Mai - 21. Juni)

Element: Luft
Planet: Merkur

Du bist ein äußerst liebenswerter Typ mit vielen Freunden und wenigen Feinden - von denen du weißt. Deine Freunde versichern dir, dass niemand dir insgeheim etwas Böses will. Was sollten sie auch sonst sagen, wenn sie dir insgeheim etwas Böses wollen, nicht wahr?

KREBS
(22. Juni - 22. Juli)

Element: Wasser
Planet: Mond

Deine wahre Natur ist allen ein wenig rätselhaft, deine engsten Freunde ausgenommen. Die kennen dich als einen - fast übernatürlich - intuitiven, verständnisvollen Menschen. Was keineswegs heißen soll, dass du über dunkle, übernatürliche Kräfte verfügst. Stimmt doch, oder?

LÖWE
(23. Juli – 23. August)

Element: Feuer
Planet: Sonne

Du bist ziemlich eitel und liebst es, im Rampenlicht zu stehen, was dazu geführt hat, dass du schon aus mehr als einer Gauklertruppe rausgeflogen bist. Du brauchst es, stets und ständig mit Liebe und Aufmerksamkeit überschüttet zu werden, um nicht wie eine ausgedörrte Blume dahinzuwelken.

JUNGFRAU
(24. August – 23. September)

Element: Erde
Planet: Merkur

Du wirkst auf manche Menschen ziemlich kühl und abweisend, aber in deinem tiefsten Inneren bist du gar nicht so kühl und abweisend, wie diese Leute meinen. Du hast durchaus viele Freunde, nur sind die meisten von ihnen Bäume, Sterne, Tiere und Bücher.

WAAGE
(24. September – 23. Oktober)

Element: Luft
Planet: Venus

Du bist eine sehr freundliche und großmütige Seele, die in jedem, dem sie begegnet, nur das Beste sieht. Du machst immer mindestens fünf verschiedenen Leuten gleichzeitig den Hof, achtest aber darauf, dass diese nicht voneinander erfahren. Als netter und fürsorglicher Mensch willst du es tunlichst vermeiden, jemanden vor den Kopf zu stoßen.

SKORPION
(24. Oktober – 22. November)

Element: Wasser
Planet: Mars

Du wirkst einschüchternd auf deine Feinde und noch einschüchternder auf deine Freunde, die alles daransetzen, dich bei Laune zu halten.
Traurigerweise merkst du das nicht und glaubst stattdessen, hier sei einfach nur dein natürlicher Charme am Werk.
Ist er aber nicht.

SCHÜTZE
(23. November – 21. Dezember)

Element: Feuer
Planet: Jupiter

Wahrheit und Wissen sind dir ungemein wichtig, und eine gute Diskussion lässt du dir niemals entgehen. Leider fällt es dir schwer, Diskussionspartner zu finden, die ebenso weise und erleuchtet sind wie du.

STEINBOCK
(22. Dezember – 20. Januar)

Element: Erde
Planet: Saturn

Du bist ein zutiefst moralischer Mensch, der überaus hart arbeitet, und die Welt wäre ein besserer Ort, wenn alle so wären wie du. Das wissen die Leute, wollen es aber nicht zugeben, weil sie deine Selbstgefälligkeit unerträglich finden.

WASSERMANN
(21. Januar – 19. Februar)

Element: Luft
Planet: Saturn

Du bist ein hoffnungsloser Optimist, der allen gegenteiligen Beweisen zum Trotz felsenfest an das Gute in der Welt glaubt. Du bist schlauer, als dir guttut, und wirst wahrscheinlich eines Tages ein König sein, oder ein Clown. Wenn jemand beides zugleich sein könnte, dann wärst du das.

FISCHE
(20. Februar – 20. März)

Element: Wasser
Planet: Jupiter

Du besitzt die Seele eines Künstlers und tätest gut daran, dich angesichts deines empfindsamen, nachdenklichen Wesens der Musik, Malerei oder Poesie zu widmen. Anders ausgedrückt: Du würdest keinen einzigen Tag harter Arbeit im Rübenfeld durchstehen.

DEIN SCHUTZPATRON

Die Sterne sind nicht die einzigen Wegweiser, die du im Laufe deines schrägen mittelalterlichen Lebens benötigen wirst. Es ist eine gute Idee, einen Schutzpatron zu haben, einen himmlischen Beschirmer, den du in Zeiten bitterer Not anrufen kannst. Schutzheilige sind darauf spezialisiert, den Menschen in diversen Lebenslagen zu helfen. Schaue die Liste durch, ob du einen findest, der dir zusagt.

1. AMANDUS

Schutzpatron der Winzer, Bierbrauer und Schankwirte

Gäste, die sich maßlos betrinken und zur Sperrstunde immer noch keine Anstalten zum Gehen machen? Klingt wie ein Fall für Amandus!

2. ALBINUS

Schutzpatron gegen Piratenangriffe

»Nichts zu danken, Leute. Nicht mitansehen zu müssen, wie ihr Hübschen von Piraten abgeschlachtet werdet, ist Lohn genug.«

3. DROGO

Schutzpatron der Hässlichen und der Schäfer

Immer dran denken: Schönheit ist bloß oberflächlich.

4. ZITA

Schutzpatron der verlorenen Schlüssel

»Oh, ich hatte ihn die ganze Zeit in der Tasche.«

5. ANTONIUS VON PADUA

Schutzpatron aller verlorenen Gegenstände, Menschen, Seelen sowie jener, die darauf hoffen, die Liebe zu finden

Bete nicht allzu eifrig zu Antonius, sonst findest du womöglich Sachen, die du gar nicht verloren hast, zum Beispiel Drachen.

6. SWITHUN

Schutzpatron des Wetters

»Na ja, *irgendwer* muss ja schließlich dafür beten.«

7. GUINEFORT

Schutzpatron der kleinen Kinder und der einzige Hund, der jemals als Heiliger verehrt wurde

Und er war noch dazu ein ganz Braver!

8. GENESIUS

Schutzpatron der Clowns und Komödianten

»Diesmal mach ich keine Witze, ich habe wirklich einen Schutzpatron!«

9. DIONYSIUS

Schutzpatron der Wasserscheuen

»Hey, Dionysius, bist du sicher, das ist das beste Mittel, meine Angst vor dem Wasser zu überwinden?«

10. QUINTINUS

Schutzpatron gegen Husten und Niesen

Frosch im Hals?
Auch dafür gibt's einen Heiligen.

11. BARBARA

Schutzpatronin des Feuers, des Blitzschlags und der Explosionen

Feuer ist super für Rache und Gerechtigkeit, aber noch besser ist es fürs Brotbacken.

12. BASILIUS

Schutzpatron der Exorzismen

Falls Basilius deine Gebete nicht erhört, kannst du natürlich jederzeit versuchen, den Dämon mit Stockhieben zu vertreiben.

WIE WIRST DU LEBEN?

Die Basics hast du im Wesentlichen geklärt. Nun ist es an der Zeit, mit deinem mittelalterlichen Leben loszulegen. Aber wo sollst du anfangen? Beantworte diese einfachen Fragen, und du wirst schnell herausfinden, welcher mittelalterlichen Stadt dein Herz gehört. Dein Abenteuer beginnt hier!

Wenn du eine der folgenden Fähigkeiten aus dem Tierreich besitzen könntest, welche wäre es?

A. Die Fähigkeit der Eule, den Kopf um 270 Grad zu drehen
B. Die Fähigkeit des Schweins, rohe Eicheln zu fressen
C. Die Fähigkeit der Schnecke, ihren eigenen Schleim zu produzieren
D. Die Fähigkeit des Frosches, in Teichen zu überwintern

Glaubst du an die Kraft der Freundschaft?

A. Die meisten meiner Freunde sind auch meine Feinde
B. Ohne Freundschaft hätte ich meine vielen Kämpfe nicht durchgestanden
C. Dumme Frage
D. Ewige Freundschaft!

Für eine Liebesbeziehung suche ich ...

A. ... jemanden, der mich beschützt und mir Sicherheit gibt
B. ... jemanden, der mich trotz meiner vielen Macken liebt
C. ... jemanden, der belesen und gebildet ist
D. ... jemanden, der kultiviert und feinsinnig ist und gerne unter Leute geht

Welche Sünde begehst du am häufigsten?

A. Ich werde zum Verkehrsrowdy, wenn Leute auf ihrem Esel im Schleichtempo unterwegs sind
B. Ich sage den Namen des Herrn jeden gottverdammten Tag vergebens
C. Insgeheim finde ich, dass Gottfrieds Frau ein echt heißer Feger ist
D. Bei gebratenem Fasan kann ich einfach nicht Nein sagen

Wie oft betest du?

A. Ich bin gerade dabei
B. Ich habe in meinem Leben mindestens schon ein Mal gebetet
C. Ich bete jede Woche in der Kirche
D. Ich bete nur, wenn ich etwas haben will

Nun zähle die Buchstaben zusammen, die deinen Antworten entsprechen! Du hast mehrheitlich ...

A: Du bist für ein Leben in Konstantinopel geschaffen! Auf Seite 36 erfährst du mehr über deine neue Heimat.

B: Zeit, die Koffer zu packen und nach London zu ziehen! Auf Seite 38 erfährst du mehr über deine neue Heimat.

C: Du bist der geborene Pariser! Auf Seite 40 erfährst du mehr über deine neue Heimat.

D: Du würdest perfekt nach Venedig passen! Auf Seite 42 erfährst du mehr über deine neue Heimat.

ÜBERBLICK ÜBER KONSTANTINOPEL

LAND: Byzantinisches Reich
JAHR: 1450 **EINWOHNER:** ca. 50 000

BYZANTINISCHES TAGESBLATT

Wagenrennen eskaliert: Randalierer brennen Stadt nieder

8. MÄRZ 532

Die Byzantiner lieben Pferderennen und gehören als glühende Fans ihrer Wagenteams unterschiedlichen Lagern an. Diesmal ging unsere Sportbegeisterung allerdings zu weit. Nach einer Zitterpartie auf der Rennbahn kam es zwischen den Wagenfraktionen zu einer regelrechten Schlacht. In den folgenden Tagen brachten Randalierer Tausende Menschen um, brannten weite Teile der Stadt nieder und belagerten den Kaiserpalast. Inzwischen haben die kaiserlichen Soldaten den Frieden wiederhergestellt. Die Zahl der Todesopfer beläuft sich auf rund 30 000. Unser Mitgefühl gilt all denen, die im Zuge dieser schrecklichen Tragödie Angehörige verloren haben.

1. Konstantinopels berühmte Stadtmauer, die im Laufe der Jahrhunderte nur wenigen Kreuzzügen nicht standhalten konnte. Hier wirst du dich sicher und behütet fühlen.

2. Das Hippodrom, berühmter Austragungsort von Wagenrennen und erste Adresse in Sachen Unterhaltung.

3. Die Hagia Sophia, größte Moschee der Welt und nicht der schlechteste Ort zum Beten!

4. Der Kaiserpalast in begehrter Lage gleich neben dem Hippodrom.

5. Der Mädchenturm – so genannt, da hier der Legende nach eine Prinzessin den Tod fand.

6. Pera, der europäische Teil Konstantinopels.

PERA
6
Porta del meso
Scs demet
5
STAN=
OLIS.
Scs georgius
3
palaciu imperatoris
chiranos
Portus olim palacij imperatoris
2
4
Volanga
1
Portus sed destruct
precepto teucrorum

ÜBERBLICK ÜBER LONDON

LAND: England **JAHR:** 1415 **EINWOHNER:** ca. 50 000

LONDINIUM-KURIER

3. FEBRUAR 1101

Bischof Ranulf Flambard war der erste Mensch, der jemals im Londoner Tower inhaftiert wurde. Nach sechsmonatiger Haft ist Ranulf seit heute zudem der erste Gefangene, der je aus dem Londoner Tower ausbrach. Aktuell ist er auf der Flucht. Derzeit suchen Wachen nach seinem Aufenthaltsort. Sichtungen sind dem örtlichen Sheriff zu melden.

NACHRUF: ROGER STYWARD

8. AUGUST 1326

Ein Aalhändler namens Roger Styward hat unmittelbar neben zwei Geschäften einen Eimer voller Aalhäute auf der Straße ausgekippt. Die Lehrlinge der beiden Ladenbesitzer traten augenblicklich hinzu und griffen Roger tätlich an. Dieser erlag kurz darauf seinen Verletzungen.

1. Die Themse, Londons wichtigste Wasserstraße sowie bevorzugte Müllkippe und Hauptauffangbecken für Abwasser.

2. Die alte London Bridge. Auf ihr wurden Häuser errichtet, um die Mieteinnahmen für ihre Instandhaltung zu verwenden.

3. Der Tower of London, Festung, Gefängnis, Burg und Wahrzeichen monarchistischer Selbstgefälligkeit seit den 1100er-Jahren. Wenn du irgendeine Form des Hochverrats begehst, worunter faktisch alles fällt, was der Krone nicht passt, kannst du damit rechnen, den Bau umgehend von innen kennenzulernen.

4. Traitors' Gate, ein Zugang zum Tower, der nur per Boot möglich ist. (Gelegentlich auch von Menschen genutzt, die keine Verräter sind.)

5. Die meisten Londoner leben in kleinen Wohnungen, die sich in größeren Gebäuden aus Holz und Stroh befinden, welche dazu neigen, beim geringsten Funkenflug in Brand zu geraten.

2
5
3
4
1

ÜBERBLICK ÜBER PARIS

LAND: Frankreich **JAHR:** 1450 **EINWOHNER:** ca. 150 000

DIE ORIFLAMME

EIS UND WÖLFE NEUERLICH AUF DEM VORMARSCH

18. DEZEMBER 1338

Schon wieder ist die Seine zugefroren. Wölfe aus dem Pariser Umland nutzen das Eis, um in die Stadt einzudringen, Leichen auszugraben und wehrlose Bürger anzufallen. Nicht vergessen: Wenn du einen Wolf siehst, bevor er dich sieht, ziehe dich sofort nackt aus. Weitere Tipps, wie man sich vor Wölfen schützt, findest du im Bestiarium auf Seite 107.

1. Die Seine, größte Wasserstraße der Stadt Paris. Sie dient als bevorzugte Trinkwasserquelle sowie als Hauptauffangbecken für das städtische Abwasser. Praktisch, nicht wahr?

2. Der Pont Saint-Michel, dient wie die London Bridge als lukrative Immobilie.

3. Notre-Dame: Ah, was könnte pariserischer sein? Zum damaligen Zeitpunkt fast 300 Jahre alt, sieht aber keinen Tag älter aus als 150.

4. Dämonen, auch Pariser genannt.

3
2
1
4

ÜBERBLICK ÜBER VENEDIG

LAND: Republik Venedig
JAHR: 1500 **EINWOHNER:** ca. 100 000

DER GONDOLIERE-EXPRESS

Neue Wahlen, neue Regeln

24. APRIL 1268

Aus Sorge vor Korruption bei der Nominierung des Dogen hat der Stadtrat von Venedig ein neues Verfahren zur Wahl unseres künftigen glorreichen Regenten beschlossen. Anstatt die Wahlmänner durch den Rat bestimmen zu lassen, tritt folgender Prozess in Kraft:

Dreißig durch das Los bestimmte Mitglieder des Stadtrats werden, ebenfalls per Los, auf neun reduziert.

Die neun wählen sodann vierzig, die per Los auf zwölf verringert werden und fünfundzwanzig Personen auswählen.

Die fünfundzwanzig werden per Los auf neun reduziert, diese neun wählen fünfundvierzig.

Diese fünfundvierzig werden, abermals per Los, auf elf reduziert.

Diese elf nominieren schließlich einundvierzig Personen, die den Dogen wählen.

1. Die Piazza San Marco, ein prächtiger Platz, geschmückt mit Marmorsäulen, die in Konstantinopel geklaut wurden. Bist du nicht froh, dass du da nicht lebst?

2. Bist du wasserscheu? Ich hoffe doch nicht! Es gibt über 150 Kanäle in Venedig. Aber keine Sorge, die überfluten die Stadt nur ein- oder zweimal pro Jahr.

3. »Venezianisch« ist gleichbedeutend mit Qualität, deshalb kommen Schiffe nach Venedig, um erlesene Stoffe, Kunst und andere Luxusgüter in alle Welt zu exportieren.

4. Venedig hat weder einen König noch eine Königin und auch keinen Kaiser. Stattdessen legt man den Treueid gegenüber dem Dogen ab, der vom Adel demokratisch auf Lebenszeit gewählt wird.

3
2
1
4

ARBEIT

Um die kommt nun mal keiner herum! Im Mittelalter machten die Menschen üblicherweise ihr ganzes Leben lang das Gleiche, um ihr Metier schließlich ihren Kindern beizubringen, die dann ihrerseits lebenslang das Gleiche machten. Schlechte Karten also für dich, wenn deine Eltern Blutegelsammler oder Kanalreiniger waren. Andererseits: Auch diese Jobs sind wichtig!

Wenn du Hüte toll findest, tritt dem Klerus bei

Eine oder mehrere Armeen sind ein Muss, wenn man das Reich verteidigen und den lästigen Pöbel in Schach halten will

Schmiede sind wichtig, wenn es darum geht, Dinge wie Werkzeuge, Hufeisen oder Babys herzustellen

Auch für kreative Naturen ist Platz! Du kannst jederzeit ein professioneller Narr werden

Eher nicht so der gesellige Typ? Dann werde Gelehrter!

Natürlich ist die Kunst ein nobles Betätigungsfeld

Mönch ist eine gute Option, wenn du meinst, dass dir eine Tonsur stehen würde

Auch die Tiere müssen im Zaum gehalten werden – die Henne da sieht kampfbereit aus

WELCHEN BERUF ÜBST DU AUS?

Du musst zeitig mit dem Arbeiten anfangen, vorausgesetzt, du überlebst das Kleinkindalter. Womit willst du also den Rest deiner Lebenszeit verbringen? Dieser Test hilft dir bei der Entscheidung:

O nein! Dein Dorf wird von plündernden Wikingern niedergebrannt! Du musst dich aus dem Staub machen und hast nicht viel Zeit zum Packen. Was nimmst du auf jeden Fall mit?
A. Ein Buch mit Heldenliedern, damit mir nicht langweilig wird
B. Käse und Roggenbrot, damit ich nicht hungern muss
C. Meinen besten Freund, damit ich mich nicht einsam fühle
D. Nichts, ich lasse alles niederbrennen

Diejenigen, die du in deinem Leben am meisten schätzt, sind:
A. Leute, die ähnliche Interessen haben wie ich und die tiefgründige Gespräche lieben
B. Meine Haustiere
C. Leute, die hart arbeiten und mich inspirieren, mein Bestes zu geben
D. Leute, die mir Freiräume lassen und meine Privatsphäre respektieren

Welche deiner positiven Eigenschaften beeindruckt deine Mitmenschen tendenziell am meisten und lässt deine Feinde vor Neid platzen?

A. Ich bin meinem Ehrenkodex verpflichtet und würde meinem Herrn niemals die Gefolgschaft aufkündigen
B. Ich urteile nicht über meine Mitmenschen, schon gar nicht über Sünder und Dirnen
C. Ich habe eine rasiermesserscharfe Intuition und bin meinen Widersachern jederzeit einen Schritt voraus
D. Ich bin ein unermüdlicher und weiser Ratgeber, und man kann sich darauf verlassen, in Notlagen stets wertvolle Tipps von mir zu erhalten

Du kommst gerade vom Bäcker. Als du in deine Tüte schaust, merkst du, dass du für dein Geld ein Brötchen zu wenig bekommen hast. Wie reagierst du?

A. Ich gehe in den Laden zurück und sage dem Bäcker Bescheid
B. Ich esse sofort ein Brötchen und beschwere mich beim Bäcker, dass er mir *zwei* Brötchen zu wenig gegeben hat. Dem werd ich's zeigen!
C. Ich sage nichts und kaufe von nun an bei einem anderen Bäcker
D. Wahrscheinlich hat der Bäcker eine Familie zu ernähren und Mühe, über die Runden zu kommen, daher kann man es ihm nicht anlasten, wenn er versucht, seine Gewinnspanne zu erhöhen. Ich gehe in den Laden, gebe ihm die Ware zurück und sage ihm, dass er auch gleich mein Geld behalten kann

Womit würdest du an Festtagen, wenn dir das Arbeiten untersagt ist, deine freie Zeit verbringen?

A. Den Pantomimen und Narren bei ihrem Mummenschanz zuschauen
B. Mir einen Festtagskuchen gönnen, oder auch mehrere
C. Mehr Starkbier in der Taverne bechern als alle anderen
D. Die Ruhe genießen

Zähle nun die Antworten zusammen!

Du hast mehrheitlich …

A: Du bist der geborene Schreiberling!

B: Deine Bestimmung ist es, Schweinehirt zu werden!

C: Du wärst der perfekte Schankwirt!

D: Am besten wirst du ein Einsiedler! Du neigst nicht dazu, weltlichen Freuden zu frönen, denn du verbringst deine Zeit damit, dich in Gedanken zu vertiefen oder anderen zu helfen.

SPIEL UND SPASS

Bevor du dir allzu große Sorgen machst: Auch für Spiel und Spaß ist reichlich Zeit. Du kannst dich darauf freuen, jeden Sonntag frei zu haben, hinzu kommen dann noch um die 40 kirchliche Feiertage. Natürlich Ostern und Weihnachten, ferner Lichtmess, Pfingsten, Christi Himmelfahrt, Heilige Drei Könige, Allerheiligen, Mariä Himmelfahrt, Fronleichnam, Herz-Jesu-Fest und viele mehr! Natürlich kannst du nach Sonnenuntergang nicht mehr arbeiten (schon mal probiert, ein Feld bei Kerzenschein zu pflügen?), daher wird es dir niemand verübeln, wenn du, sobald es dunkel wird, Feierabend machst und dir mit deinen Kumpels einen Humpen Bier genehmigst.

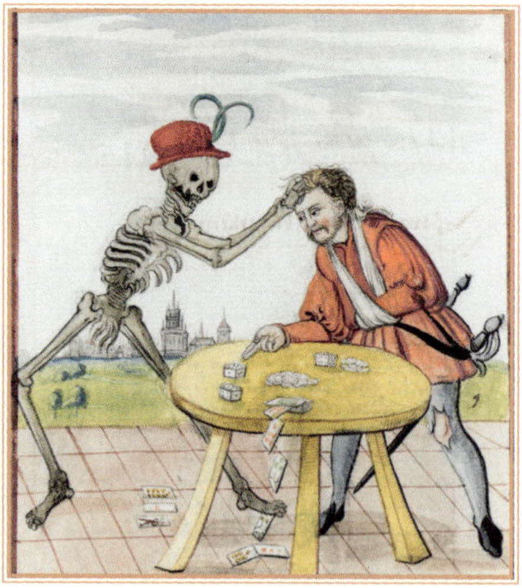

Glücksspiel ist nicht unbedingt erlaubt, aber lässt du dich davon abhalten?

Sollte blaues Blut in deinen Adern fließen, kannst du dich beim Lanzenstechen austoben

Steht dir der Sinn nach etwas mehr Entspannung, gönne dir einfach einen Drink

Gegen ein bisschen Musik hat niemand etwas einzuwenden, selbst der Hund nicht

Ausgenommen Blasmusik, Hunde hassen Blasmusik

Bekanntlich haben Würmer eine Vorliebe für den Klang der Fidel

Vorsicht beim Schachspielen mit Affen: Die schummeln, was das Zeug hält

Wenn alle Stricke reißen, mache ein Nickerchen – alleine oder mit Freunden

Schinde bei deinen Freunden Eindruck mit ein paar coolen Tanz-Moves

LIEBE

Schön, du bist also noch am Leben. Gut gemacht. Aber meinst du nicht, dein neumodisches Leben wäre noch toller mit einem *besonderen Menschen* an deiner Seite? Sicher, die Liebe bringt ihre eigenen Komplikationen mit sich, und trotzdem verfallen wir Menschen ihr immer wieder schamlos aufs Neue. Schwer zu sagen, warum, aber es muss irgendetwas mit ihr auf sich haben, das wir in unserem Leben brauchen – entweder das, oder wir stehen einfach drauf, uns selber Schmerzen zuzufügen.[1]

Behalte das im Hinterkopf, wenn du die folgenden Seiten durchblätterst, denn es könnte deine einzige Chance sein, Niedergeschlagenheit und einen einsamen Tod zu vermeiden. Die Wahrscheinlichkeit, dass du stirbst, noch dazu in jungen Jahren (dazu später mehr), ist unglaublich hoch. Also: Mache dir das Leben umso lebenswerter, und genieße die LIEBE!

1. Oder es sind die Pheromone. Aber was weiß denn ich? Ich bin ja nicht Gott. Und die Wissenschaft steckt noch in den Kinderschuhen.

DER KAVALIER: PROFIL DES IDEALEN FREIERS

In dieser Welt ein Mann zu sein ist eine Bürde. Selbst wenn es dir gelingt, unter all den sündigen Verführerinnen da draußen eine tugendhafte Frau zu ergattern, ist es immer noch deine Pflicht, sie mit deinem gepflegten Äußeren und deinen edlen Manieren zu umgarnen.

Erfahre hier, was du brauchst, um auf die Dame deines Herzens unwiderstehlich zu wirken.

1.

Goldblond ist die ideale Haarfarbe, nur noch zu toppen durch einen schicken Topfschnitt.

2.

Es muss nicht immer die vornehme Blässe einer Lady sein, aber versuche bitte, nicht zu viel Sonne abzubekommen. Nichts kommt der Hölle näher als die Sonne, wenn man sein Dasein auf unserer winzigen flachen Erde fristen muss!

3.

Lege dir eine Houppelande zu (siehe S. 59), aber nimm eine knielange. Ein leuchtend roter Stoff wird dafür sorgen, dass du vital, majestätisch und kraftvoll wirkst. Dazu ein kontrastierendes Pelzfutter, und sämtliche Hofdamen werden ausrufen: »Wow, ob er wohl all die Wiesel selbst erlegt hat?«

4.

Trage stets einen Dolch bei dir. Man weiß nie, wann man mal einen Rivalen abstechen muss. Oder ein Wiesel.

5.

Jagd, Reiten und Training sollten deine Waden in Form halten, aber übertreib es nicht. Versuche, den Eindruck zu erwecken, dass du deinen Körper pflegst, dabei aber dem Beten und der stillen Kontemplation reichlich Zeit einräumst.

6.

Kein Outfit ist vollendet ohne das perfekte Beinkleid: eng anliegende Wollstrümpfe, die deine Waden voll zur Geltung bringen. Noch mehr Aufmerksamkeit erregen deine formschönen Beine in verschiedenfarbigen Strümpfen. Falls jemand sagt, dass du wie ein Hofnarr aussiehst, erstich ihn.

DIE DAME: PROFIL DER HEIRATS-KANDIDATIN

Ob reich oder arm: Für eine Dame sollte Schönheit stets an erster Stelle stehen. Wie soll sie einem Mann sonst ihren Wert beweisen? Einige Eigenschaften machen die ideale Frau aus.

1.

Der Hennin, eine hoch aufragende Kopfbedeckung aus einem mit Stoff überzogenen Drahtgestell, ist ein absolutes Muss.

2.

Nichts ist femininer als eine hohe Stirn! (Beauty-Hack: Falls dir die Natur keine solche mitgegeben hat, kannst du dein Stirnhaar auszupfen oder ein paar Zentimeter abrasieren.)

3.

Je weniger Haare du im Gesicht hast, desto besser. (Expertinnentipp: Für ein jugendliches Gesicht zupfst du dir überschüssige Härchen aus den Augenbrauen oder trennst dich gleich ganz von Letzteren.)

4.

Um deine unschuldige Anmutung zu betonen, solltest du eine schmale Nase, ein spitzes Kinn, einen kleinen Mund, kleine Ohren sowie große Augen haben. Versuche, zerbrechlich zu wirken. Wie ein sexy Ei. (Männer mögen Eier, oder etwa nicht …?)

5.

Meide die Sonne, um deine blasse, zarte, makellose Haut zu bewahren. Leberflecke, Sommersprossen und andere Hautunreinheiten und Makel lassen auf eine unreine Seele schließen. Möglicherweise aber auch auf Pocken. Beides wäre unerfreulich.

6.

Gib deinen hohen sozialen Rang mit einer blauen Houppelande zu erkennen, einem langen, locker sitzenden Gewand mit weiten, fließenden Ärmeln.

7.

Zudem ist es hilfreich, hellhäutig zu sein.

HEISSE MITTELALTER-SINGLES AUS DEINER GEGEND

Gut aussehender Mönch, letzte Woche – würdest du für mich deine Tonsur aufgeben?
Als ich dich sah, wie du in deiner verwegenen braunen Kutte zum Morgengebet in die Abtei tratest, kam mir unweigerlich der Gedanke, wie einsam du dich wohl fühlen musst in all den langen Nächten, nur von Männern umgeben. Ich weiß, du hast dich dem Dienst an deinem Herrn verschrieben. Aber vielleicht könnten wir uns ja stattdessen einander versprechen?

– ABBY (WIE ABBEY, NUR OHNE E)

Kultivierter, tierlieber Mann gesucht, bitte keine Bauern
Witwe, 36, sucht begüterten Herrn, der mir und meinen sechs Katzen ein annehmliches Leben bieten kann. Habe die Nase voll von Bauernjungs, die meine Zeit vergeuden. Brauche einen echten Gentleman, der Land besitzt und auch was damit anzufangen weiß. Er muss lesen können (mein Lieblingsbuch ist *Beowulf*). Und Katzen mögen.

Eine schöne Lady verdient einen fähigen Schwertkämpfer

An die aparte Dame, deren Ritter bei der Tjost schon in der ersten Runde vom Pferd gestoßen wurde: Wir hatten kurz Blickkontakt, und du schütteltest den Kopf, als wolltest du sagen: »Was für ein Versager!« Auch ich fand seine Performance jämmerlich und dachte, du hast vielleicht Interesse an einem Mann, der etwas versierter im Umgang mit seiner Lanze ist. Ich falle nicht vom Pferd, würde aber gerne dir verfallen.

– DEIN LANZELOT

Aus den Angeln gehoben: Kreuzfahrer im Ruhestand sucht neue Eroberung

Junggeselle mittleren Alters (21), weit gereist, glühender Diener Gottes. Bin gerade aus dem Heiligen Land zurück und musste feststellen, dass meine Haustür aus den Angeln gehoben wurde. Wie sich herausstellt, ist meine Frau nebenan beim Schmied eingezogen. Die Sache traf mich wie ein Hammerschlag, aber das Leben muss weitergehen, am besten mit einer frommen, hingebungsvollen Dame, die mich auf meinen nächsten Feldzug begleitet, damit ich ein Auge auf sie haben kann. Betrügerische Dirnen können sich den Versuch sparen.

DIE FÜNF PHASEN DES WERBENS

Nun gut, du bist auf der Suche nach Liebe. Aber hast du dir überhaupt schon Gedanken darüber gemacht, was für eine Art von Liebe dir vorschwebt? Nein? Dachte ich mir. Aber weißt du, nicht alle Formen der Liebe sind gleich.

Als das wohlsituierte Mitglied der Gesellschaft, von dem man ja wohl annehmen darf, dass du es bist, hast du genau zwei Optionen: Heiraten und Liebeswerben.

1.

DIE ZIELPERSON BESTIMMEN

Setze deine Weisheit und dein Urteilsvermögen ein, um das perfekte romantische Szenario oder die begehrenswerteste Person unter den 50 Seelen in deinem Dorf zu ermitteln. Gegebenenfalls ist die Zustimmung der Eltern oder des Grundherrn erforderlich.

2.

DEN HOF MACHEN

Setze deinen natürlichen Charme und deine guten Umgangsformen ein, oder beherzige schlicht die Tipps auf den folgenden Seiten.

3.

AUF TUCHFÜHLUNG GEHEN

Endlich hat sich dein Werben bezahlt gemacht, und du kannst dich der Zweisamkeit hingeben! Jetzt sind Schwärmerei, Schmeichelei und der erste magische Kuss angesagt. Achte bloß darauf, dass alles züchtig bleibt, denn wenn die Dinge erst mal entgleisen, dann hilft nur noch eine ...

4.

HOCHZEIT

Es ist an der Zeit, die Sache offiziell zu machen. Tauscht Ringe und Treueschwüre, trinkt und tanzt, und dann endlich ist der Moment jenes Vollzugs gekommen, auf den du so gewartet hast. Du hast doch bis zur Hochzeit gewartet, oder?

5.

ALLES WEITERE

Danach liegt es bei dir, wie alles weitergeht. Einander lieben, einander hassen, Kinder kriegen, Affären haben, sich gegenseitig der Hexerei bezichtigen – es gibt reichlich tolle Optionen!

SOLLTEST DU UM SIE WERBEN?

Du weißt nicht, ob du eine Beziehung eingehen sollst? Hier ist ein praktischer Leitfaden!

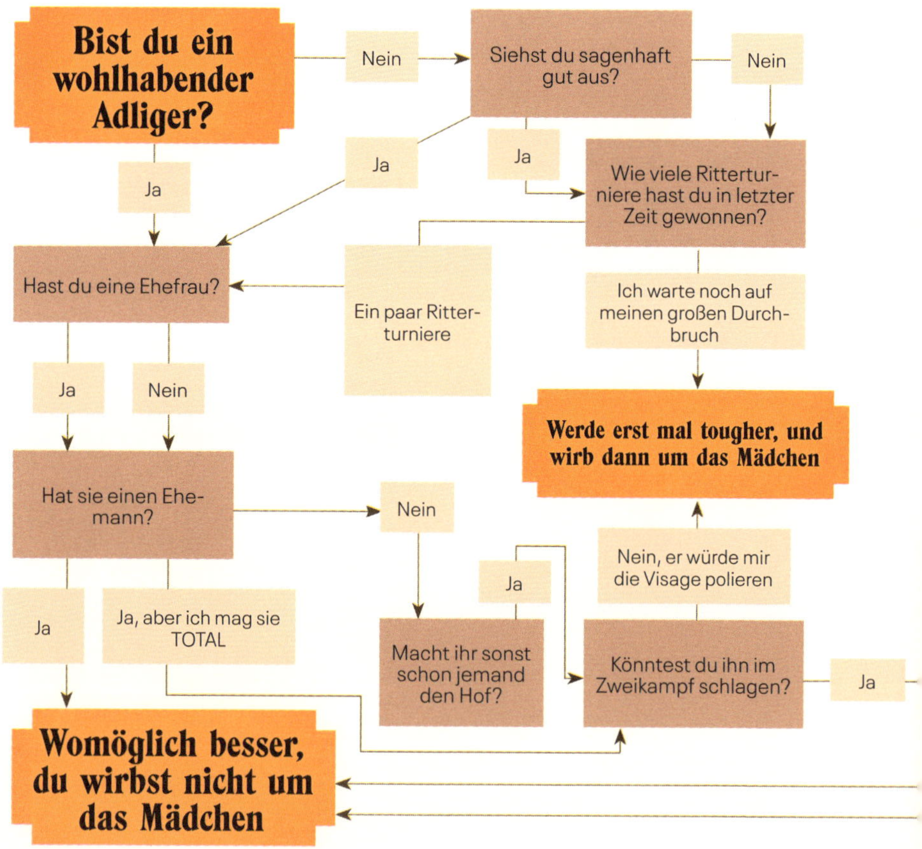

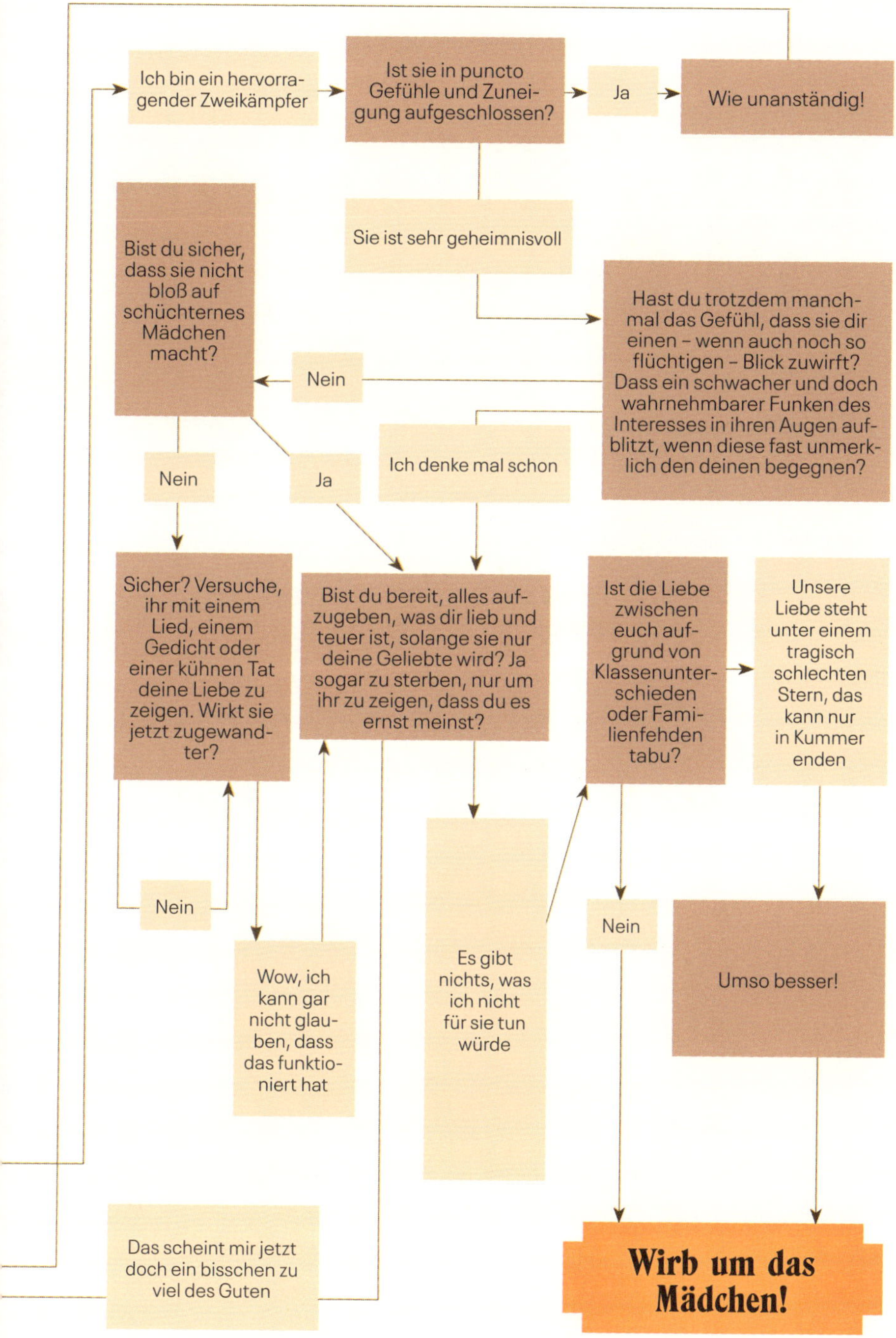
Ich bin ein hervorragender Zweikämpfer
Ist sie in puncto Gefühle und Zuneigung aufgeschlossen?
Ja
Wie unanständig!
Sie ist sehr geheimnisvoll
Hast du trotzdem manchmal das Gefühl, dass sie dir einen – wenn auch noch so flüchtigen – Blick zuwirft? Dass ein schwacher und doch wahrnehmbarer Funken des Interesses in ihren Augen aufblitzt, wenn diese fast unmerklich den deinen begegnen?
Nein
Bist du sicher, dass sie nicht bloß auf schüchternes Mädchen macht?
Nein
Ja
Ich denke mal schon
Sicher? Versuche, ihr mit einem Lied, einem Gedicht oder einer kühnen Tat deine Liebe zu zeigen. Wirkt sie jetzt zugewandter?
Bist du bereit, alles aufzugeben, was dir lieb und teuer ist, solange sie nur deine Geliebte wird? Ja sogar zu sterben, nur um ihr zu zeigen, dass du es ernst meinst?
Ist die Liebe zwischen euch aufgrund von Klassenunterschieden oder Familienfehden tabu?
Unsere Liebe steht unter einem tragisch schlechten Stern, das kann nur in Kummer enden
Nein
Wow, ich kann gar nicht glauben, dass das funktioniert hat
Es gibt nichts, was ich nicht für sie tun würde
Nein
Umso besser!
Das scheint mir jetzt doch ein bisschen zu viel des Guten
Wirb um das Mädchen!

KUSS IST NICHT GLEICH KUSS

Im Mittelalter war das Küssen nicht nur Eheleuten vorbehalten, und ein Kuss konnte ganz unterschiedliche Bedeutungen haben. Begrüßung, Respektbezeugung, Besiegelung eines Handels – lauter tolle Anlässe für einen kleinen Schmatzer zwischendurch. Falls sich dir solche Gelegenheiten auf deiner Reise bieten, kann der folgende Kussratgeber hilfreich sein.

Eine Dame küssen, die gerade mit Handarbeiten – oder sonstigen Verrichtungen – beschäftigt ist, gilt im Allgemeinen als schlechte Manieren

Küsst dich ein Engel, dann musst du ihn zuvor mit irgendeiner Tat beeindruckt haben. Engel küssen nämlich nicht jeden x-Beliebigen

Den Feind küssen, nachdem man einen Waffenstillstand erklärt hat: Winkt da eine königliche Hochzeit am Horizont?

Küsse eine Person, während du Verrat an ihr verübst, und die ganze Welt weiß, dass du ein Halunke bist

Du kannst den Fuß deines Vorgesetzten küssen, um ihn daran zu erinnern, dass du sein loyaler Fußsoldat bist

WIE DU EINEN LIEBESTRANK HERSTELLST

Wenn es mit deiner Liebsten nicht so richtig klappen will, ist es möglicherweise an der Zeit, sich alternativen Methoden zuzuwenden. Alles, was du benötigst, ist eine einfache aphrodisierende Ingredienz, und sie verliebt sich Hals über Kopf in dich. Die Sache hat nur einen kleinen Haken: Die geheime Ingredienz ist eine Alraunwurzel, die zu ernten lebensgefährlich sein kann.

Folge der Anleitung gewissenhaft, und du wirst hoffentlich mit dem Leben und einer Romanze davonkommen.

ZUTATEN

* Ein Hund
* Ein Seil
* Ein Jagdhorn
* Ein Elfenbeinspieß
* Eine im Boden wachsende Alraunwurzel

ZEIT

Drei Minuten

ERGEBNIS

Eine Alraunwurzel

VORGEHENSWEISE

1. Halte, wenn möglich, stets den GRÖSSTMÖGLICHEN ABSTAND zur Alraunwurzel. Sie ähnelt einem kleinen grünen Wurzelmännchen und stößt, wenn man sie aus ihrem Schlummer reißt, einen durchdringenden Klagelaut aus, der so schrill ist, dass jeder, der ihn hört, dem Wahnsinn verfällt oder stirbt. Oder zuerst dem Wahnsinn verfällt und dann stirbt.

2. Grabe mit dem Elfenbeinspieß vorsichtig oben um den Strunk der Alraune herum, ohne die Wurzel zu sehr freizulegen.

3. Befestige ein Ende des Seiles an deinem Hund, das andere an der Alraune.

4. Jetzt schnappe dir dein Jagdhorn und laufe, so schnell du kannst, davon. Blase beim Wegrennen, so laut du kannst, ins Horn. Das sollte das schauerliche Kreischen des Wurzelmännchens übertönen – vorausgesetzt, deine Lunge ist intakt. Außerdem wird das Horn den Hund erschrecken und in die Flucht schlagen, sodass ihr beide unbeschadet mit der nunmehr harmlosen Alraunwurzel entkommt.

5. Die Alraunwurzel kann für jedes aphrodisierende Rezept deiner Wahl verwendet werden.

EROBERE DAS HERZ EINER DAME

1.

Durchbohre vor ihren Augen ein paar Männer, um beim Turnier ihre Aufmerksamkeit zu erregen.

2.

Sie ist womöglich noch immer nicht von deiner Tapferkeit überzeugt. Spieße also etwas Größeres, Gefährlicheres auf, etwa ein Seeungeheuer.

3.

Du hast sie mit Erfolg dazu gebracht, einem Date zuzustimmen, und musst nun feststellen, dass sie das Haus nicht ohne Anstandsdame verlassen darf. Einige Pfählungen später erntest du möglicherweise höflichen Applaus.

4.

Wirf einen langen, gründlichen Blick in den Spiegel und frage dich, ob es das alles wirklich wert ist. Hast du nichts Besseres zu tun? Natürlich nicht!

5.

Endlich gelingt es dir, sie an ein abgelegenes Plätzchen zu führen. Glaubst du zumindest. Versuche, ihre Verwandten im Gebüsch zu ignorieren, während du ihre Schönheit mit den zarten Rosen vergleichst.

6.

Gratuliere ihr zu ihren gebärfreudigen Proportionen, während sie versucht, auf ihrer Harfenlaute zu spielen.

EHEPROBLEME

Ist der Bund fürs Leben geschlossen, fängt der restliche Stress erst an. Es gibt kein Versprechen auf ein dauerhaftes Glück mit der Person, die du geheiratet hast. Ist die Saat der Unzufriedenheit erst einmal gesät, geht es nur noch bergab.

Hier findest du einige Anzeichen, die darauf hindeuten, dass in deiner Beziehung etwas schiefläuft.

Achtet er beim Kauf der Ringe nicht auf die richtige Größe, ist das ein schlechter Start in die Ehe

Wenn sie dir, während du schläfst, heimlich einen Haarschnitt verpasst, um dir deine Kräfte zu rauben, könnte es an der Zeit sein, eine Paarberatung aufzusuchen

Wenn sie riesigen Giftefeu pflanzt, um dich fernzuhalten, ist es wohl Zeit für ein Gespräch

KANNST DU DICH SCHEIDEN LASSEN?

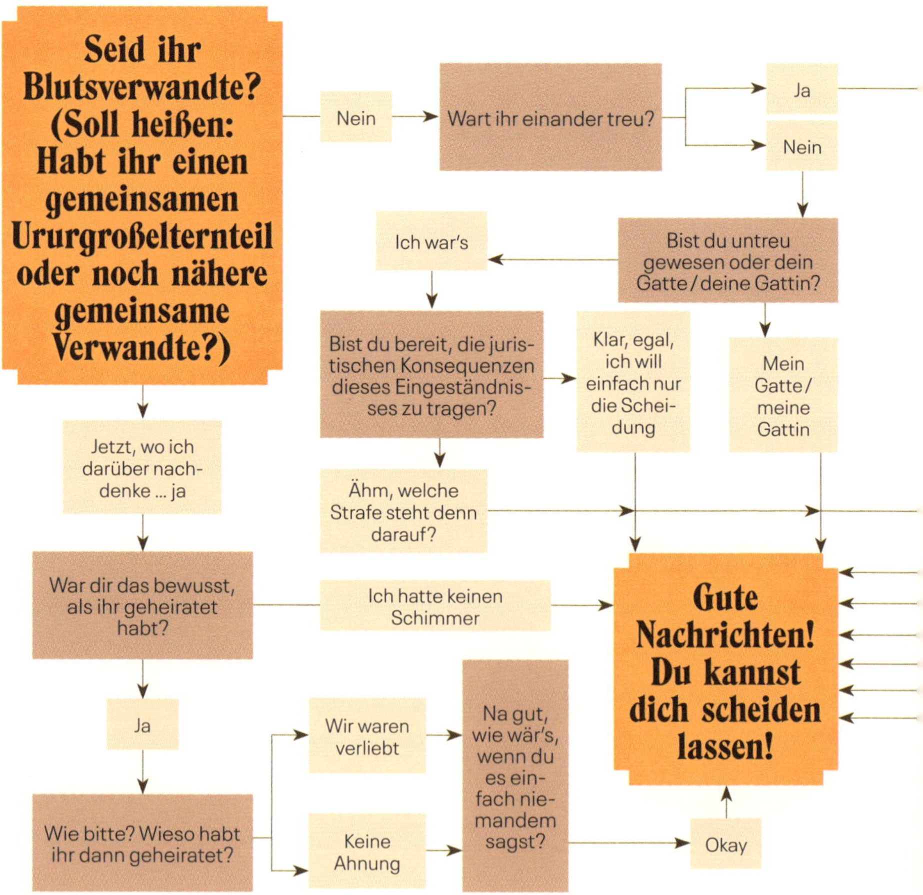

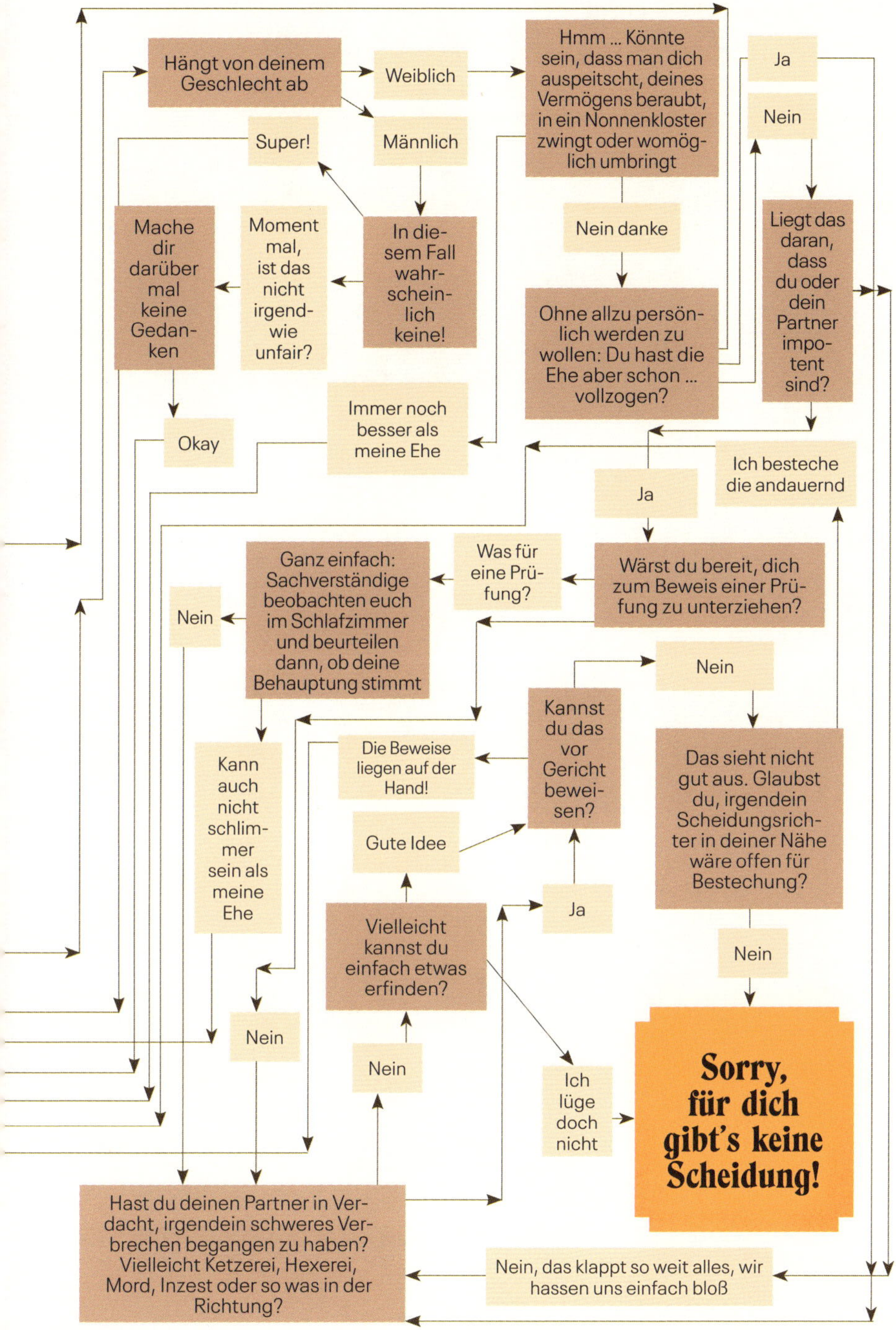
Hängt von deinem Geschlecht ab
Weiblich
Männlich
Hmm … Könnte sein, dass man dich auspeitscht, deines Vermögens beraubt, in ein Nonnenkloster zwingt oder womöglich umbringt
Ja
Nein
Super!
Mache dir darüber mal keine Gedanken
Moment mal, ist das nicht irgendwie unfair?
In diesem Fall wahrscheinlich keine!
Nein danke
Ohne allzu persönlich werden zu wollen: Du hast die Ehe aber schon … vollzogen?
Liegt das daran, dass du oder dein Partner impotent sind?
Okay
Immer noch besser als meine Ehe
Ja
Ich besteche die andauernd
Ganz einfach: Sachverständige beobachten euch im Schlafzimmer und beurteilen dann, ob deine Behauptung stimmt
Was für eine Prüfung?
Wärst du bereit, dich zum Beweis einer Prüfung zu unterziehen?
Nein
Nein
Kannst du das vor Gericht beweisen?
Die Beweise liegen auf der Hand!
Kann auch nicht schlimmer sein als meine Ehe
Gute Idee
Das sieht nicht gut aus. Glaubst du, irgendein Scheidungsrichter in deiner Nähe wäre offen für Bestechung?
Vielleicht kannst du einfach etwas erfinden?
Ja
Nein
Nein
Nein
Ich lüge doch nicht
Sorry, für dich gibt's keine Scheidung!
Hast du deinen Partner in Verdacht, irgendein schweres Verbrechen begangen zu haben? Vielleicht Ketzerei, Hexerei, Mord, Inzest oder so was in der Richtung?
Nein, das klappt so weit alles, wir hassen uns einfach bloß

TOD

Ich hoffe, du hattest deinen Spaß mit der LIEBE, doch nun ist es an der Zeit, zu einem Thema zu schreiten, das ein wenig dauerhafter ist. Dass es so enden wird, hättest du dir eigentlich denken können, aber keine Sorge, traurig sein darfst du trotzdem. Allerdings ist das hier nicht das Ende deiner Geschichte. Was als Nächstes kommt, ist schwer zu sagen, es sei denn, du hast das schon mal durchgemacht. Aber vermutlich werden wir uns alle auf der anderen Seite wiedersehen.

Hoffentlich hattest du deinen Spaß und bist nun bereit für den TOD.

DER SENSENMANN SPIELT AUF

Die Leute sind sich über weite Strecken der Menschheitsgeschichte im Prinzip einig gewesen, dass die Aussicht aufs Sterben nicht sonderlich verlockend ist. Und doch müssen wir es alle mindestens ein Mal tun. Warum versuchen wir also nicht, das Sterben mit etwas mehr Humor zu nehmen? Im Spätmittelalter entwickelte sich ein neues Kunstgenre: der *Danse macabre* oder auch Totentanz. In der Kunst des *Danse macabre* erscheint der personifizierte Tod als Skelett, das Menschen aller Schichten und Altersstufen tanzend zu ihren Gräbern führt – gelegentlich auch mit musikalischer Begleitung.

»Ein Dudelsack? Nein, danke. Man schicke mir ein Gerippe, das ein angenehmeres Instrument spielt!«

»Wir werden viel Spaß miteinander haben«

»Ich bin erst bereit, dir in den Abgrund zu folgen, wenn du es schaffst, *zwei* Becher auf deinem Kopf zu balancieren«

»Wenn du meinst, dass ich einfach so im Walzerschritt mit dir ins Jenseits tanze ... liegst du absolut richtig!«

»Meinst du, du könntest dich unterwegs mit deinem bevorstehenden Ableben arrangieren? Meine Schnecke kriegt langsam Hunger«

»Vertrau mir: Ich bin ein ganz normaler Jäger, und du bist nicht einfach bloß gestolpert und mit dem Gesicht in deinen Speer gefallen«

WAS DEINE LIEBLINGSWAFFE ÜBER DICH VERRÄT

FÄUSTE

Du bist ein alter Hase und hast schon so ziemlich alles mitgemacht. Andere kommen und gehen. Du dagegen bist stets ein treuer Gefährte, auf den man in Zeiten großer Not zählen kann.

LANGBOGEN

Du wirkst manchmal etwas distanziert, aber so tickst du nun mal. Nicht jeder kommt ohne Weiteres mit dir klar. Allerdings ist dir im Notfall für andere kein Weg zu weit.

SCHWERT

Du bist stylish und kultig, besitzt dabei aber trotzdem einen Kern aus Stahl und kannst gewaltig austeilen. Deine scharfe Zunge kann Menschen verletzen, die sich nicht in Acht nehmen. Wer sich dagegen nicht mit dir anlegt, hat auch nichts zu befürchten.

MORGENSTERN

Du hast eine Schwäche fürs Dramatische und bist nicht immer der pragmatischste Zeitgenosse. Auch wenn du bisweilen etwas von der Rolle bist, genießen die Leute deine Gegenwart, denn du bist ein echtes Showtalent.

KANONE

Du bist ein Trendsetter und deiner Zeit oft voraus. Obwohl dein Innenleben etwas rätselhaft sein mag, wissen die Leute, dass sie sich darauf verlassen können, dass du ordentliche Ergebnisse lieferst.

NACHRUFE: DIE SCHRÄGSTEN TODESFÄLLE

König Martin von Aragon verschied 1410 auf tragische Weise, nachdem sein Hofnarr ihm einen Witz erzählt hatte, der so komisch war, dass Martin sich totlachte. Es heißt, er sei bei seiner Lieblingsbeschäftigung gestorben, was den Hinterbliebenen ein gewisser Trost sein mag. Aus Sicherheitsgründen kann der Witz hier nicht wiedergegeben werden.

In tiefer Trauer vermelden wir den Tod des Byzantinischen Kaisers Basileios I., der sich anno 886 mit seinem Gürtel im Geweih eines Hirsches verhedderte. Der Hirsch schleifte den bedauernswerten Mann 16 Meilen durch den Wald, was Basileios nicht überlebte. Der Hirsch dagegen blieb offenbar unverletzt.

Richard the Raker, als Latrinenputzer in London tätig, fiel 1326 versehentlich in eine Jauchegrube und ertrank. Er hinterlässt einen Sohn, Sam the Smelly, der Berichten zufolge in demselben Beruf arbeitet wie sein Vater.

Der allseits beliebte Kronprinz Philipp von Frankreich ist 1131 bei einem Ausritt durch Paris vorzeitig aus dem Leben geschieden. Sein Ross kam zu Fall, als ein Schwein hinter einem Misthaufen hervorpreschte. Philipps Kopf vertrug das Pariser Kopfsteinpflaster nicht.

Das ruhmreiche Leben des unvergessenen Papstes Hadrian IV. nahm 1159 ein jähes Ende, nachdem er aus einem Brunnen getrunken hatte. Eine im Wasser schwimmende Fliege blieb ihm im Hals stecken, sodass der arme Mann jämmerlich erstickte.

WIE WIRST DU STERBEN?

Jetzt wird's spannend! Es ist an der Zeit herauszufinden, was dich erledigen wird. Und dass mir zum Thema Sterben ja keine Klagen kommen, okay? Wie du weißt, erhalten die meisten Menschen erst in letzter Minute Klarheit in dieser Angelegenheit. Antworte wahrheitsgemäß, zähle die Buchstaben zusammen und bereite dich auf dein Schicksal vor.

Gerätst du oft in Streitereien oder handfeste Auseinandersetzungen?
A. Ja, und dank meiner geistigen und körperlichen Überlegenheit gewinne ich immer
B. Nein, denn ich bin sanftmütig und mit einer zarten Konstitution gestraft
C. Manchmal schon, aber nur, wenn mein Gegner schwach und leicht zu bezwingen ist

Was ist deine größte Angst?
A. Zu sterben, bevor meine tapferen Heldentaten in einer epischen Ballade festgehalten werden, auf dass man sie in künftigen Jahrhunderten preisen möge
B. Heimtückische Aktionen meiner Feinde, zumal ich viele Feinde habe, die allesamt total heimtückisch sind
C. Mein immenses gehortetes Vermögen zu verlieren, für das ich extrem hart gearbeitet habe

Stelle dir vor, du bist bei einem opulenten Festmahl mit üppigen Speisen und erlesenen Weinen. Du bemerkst, dass ein rangniederer Herr das ganze Salz aufgebraucht und dir nichts übrig gelassen hat. Was tust du?
A. Ich zücke mein Schwert und teile ihm lauthals mit, dass er mir untergeordnet ist und ich ihn im Zweikampf in den Tod zu befördern gedenke
B. Ich wollte mein Essen ohnehin nicht nachsalzen, also ist alles in bester Ordnung und die Sache für mich erledigt
C. Ich sage nichts, aber ich übe Rache, indem ich seine Frau verführe, sobald die Tafel aufgehoben ist

Welches Verhalten sorgt mit Sicherheit dafür, dass man nicht zu einer deiner Jagdgesellschaften eingeladen wird?

A. Feigheit im Angesicht der Gefahr
B. Eine vulgäre, unangenehme Ausdrucksweise
C. Die Unfähigkeit, zu scherzen und Witze zu reißen

Wie oft wagst du dich über die Grenzen deiner Stadt hinaus?

A. Ich bin weit herumgekommen und habe viele Geschichten aus fernen Ländern mitgebracht
B. Selten, da ich zu Hause alles habe, was ich brauche
C. Ich bin ein kleiner Vagabund und lasse mich selten irgendwo länger nieder

Zähle nun wieder die Antworten zusammen!

Du hast mehrheitlich …

A: Du wirst IM KAMPF sterben. Aber hey, du hast dich immerhin tapfer gewehrt!

B: Du wirst AN EINER KRANKHEIT sterben. Mach dir nichts draus, du hattest keine Chance!

C: Du hast zu viele Verbrechen begangen und wirst IM GEFÄNGNIS sterben. Du Halunke!

EINEN KREUZZUG AUFZIEHEN

Das Heilige Land im Namen des Herrn zurückzuerobern ist für Angehörige aller sozialen Schichten ein vergnügliches und bereicherndes Unterfangen. Ob unzureichend ausgebildete Bauern oder großspurige Edelmänner: Du wirst sie nicht von den Mauern Jerusalems fernhalten können! Auch Familien und Kinder werden begeistert sein. Alles, was du brauchst, findest du hier.

ZUTATEN:

* zu gleichen Teilen Unterdrückung und Elend (zur Not geht jede Form von Elend, aber am wirkungsvollsten ist es, wenn du etwas findest, das zumindest ein bisschen Krankheit beinhaltet)
* eine Prise Hungersnot
* die einem Kontinent entsprechende Menge an Sünde und religiöser Schuld
* eine entrechtete arbeitende Klasse in Europa
* ein neues antichristliches Reich
* ein Papst
* eine drohende Apokalypse (Tipp: Falls du beim Shoppen keine echte Apokalypse findest, funktionieren Gerüchte über eine erfundene Apokalypse ebenso gut)

ZEIT:

ca. drei Jahre (plus zehn Jahre Vorbereitung)

ERGEBNIS:

vier Kreuzfahrerstaaten

Deine Kreuzfahrerstaaten sollten einige Jahrzehnte Bestand haben, wenn du ihnen genügend Material und Truppen zur Verfügung stellst.

VORGEHENSWEISE

1. Füge, mindestens zehn Jahre bevor du beginnst, der entrechteten europäischen arbeitenden Klasse Unterdrückung, Elend und Hungersnot hinzu. Gut vermengen und mit Sünde und religiöser Schuld bestreuen, von Letzteren eine Prise für später aufheben. Du wirst feststellen, wie sich allmählich Unruhe innerhalb der arbeitenden Klasse zusammenbraut. Das Ganze mindestens zehn Jahre ruhen lassen, damit sich die Unruhe weiter hochschaukeln kann. Überspringe diesen Schritt nicht, auch wenn er einige Zeit in Anspruch nimmt!

2. Installiere in der Zwischenzeit dein neues antichristliches Reich in der Türkei. Es wird sich über den Nahen Osten und Zentralasien ausbreiten und schließlich das Heilige Land erreichen, wo es dem Byzantinischen Reich die Stadt Jerusalem entreißen dürfte. Wenn du ein qualitativ hochwertiges Reich mit einem hohen Maß an religiöser Intoleranz verwendet hast, wirst du merken, dass Unterdrückung und Vertreibung von Christen und Juden einsetzen.

3. Bringe nun den Papst ins Spiel. Er will das Heilige Land zurückerobern und wird der arbeitenden Klasse umgehend versprechen, dass ihr all ihre Sünden vergeben werden, wenn sie ihm dabei hilft. Er ist der Papst, er hat die Macht. Wenn du zu Beginn genügend Sünde und religiöse Schuld hinzugegeben hast, werden die Bauern das Angebot überaus verlockend finden.

4. Nun musst du rasch handeln! Während die Bauern von der Vorstellung eines ewigen, komplett kostenfreien Aufenthalts im Himmel begeistert sind, kippe die drohende Apokalypse in das Gemisch. Selbst wenn die Apokalypse nicht echt ist, reichen Gerüchte von ihrer Echtheit, um die Bauern zu den Waffen greifen und nach Jerusalem aufbrechen zu lassen. Die wollen ja schließlich nicht in der Hölle schmoren, wenn der Weltuntergang kommt.

5. Glückwunsch! Jetzt hast du einen Kreuzzug! Lehne dich zurück, lasse die eifrigen Bauern versuchen, Jerusalem endgültig zurückzuerobern, und erfreue dich daran, wie sie mehrere instabile Kreuzfahrerstaaten im Nahen Osten gründen.

IM BELAGERUNGSZUSTAND

Wir alle kennen das: Der Feind besetzt eine strategisch günstige Stellung, verschanzt hinter hohen Steinmauern in einer Stadt, die gut mit Verteidigungswaffen und Vorräten ausgestattet ist. Du hast versucht, seine Defensive mit den üblichen taktischen Mitteln wie Katapulten und Brandpfeilen zu durchbrechen, aber nichts hat gefruchtet. Dabei willst du sein Bollwerk um jeden Preis einnehmen! Ein klassisches Dilemma.

Hier ein paar kreative Belagerungslösungen mittelalterlicher Strategen

Feindliche Stadt

Sollte nicht allzu weit entfernt sein, damit der Vogel sie erreicht, bevor er explodiert

Vogel

Jeder Vogel ist geeignet, aber ideal wäre einer, zu dem du keine emotionale Bindung hast

Katze

Für den Fall, dass sich der Vogel unterwegs verirrt

Sprengstoff

Auf keinen Fall vergessen

Feindliche Feuerkraft
Versuche, dir darüber nicht unnötig den Kopf zu zerbrechen
Nichts ahnende Deppen
Sie wähnen sich in Sicherheit
Katapult
Das A und O jeder Belagerung
»Unüberwindbarer« Festungsgraben
Im Begriff, überwunden zu werden
Dein aerodynamischster Soldat
Oder, falls etwas schiefgehen sollte, dein naivster

»O nein, sie haben explodierende Katzen dabei. Es ist aus.«

EIN WÜRDIGER TOD

Weißt du, es gibt Schlimmeres, als im Gefecht zu sterben. Mit wehenden Fahnen unterzugehen, ist eigentlich sogar ziemlich glamourös. Denke doch nur, wie edel und dramatisch es wirken wird, wenn du einen Armbrustpfeil mit dem Gesicht parierst! Wahrscheinlich wird man dein heroisches Ableben in künftigen Jahren in Liedern besingen. Klingt doch gar nicht so übel, oder? Falls du dich partout nicht fürs Sterben begeistern kannst, versuche wenigstens, eine ambivalente Haltung anzustreben. Als Anregung hier ein paar wackere Gemüter, die dein gewaltsames Ende recht gelassen sehen.

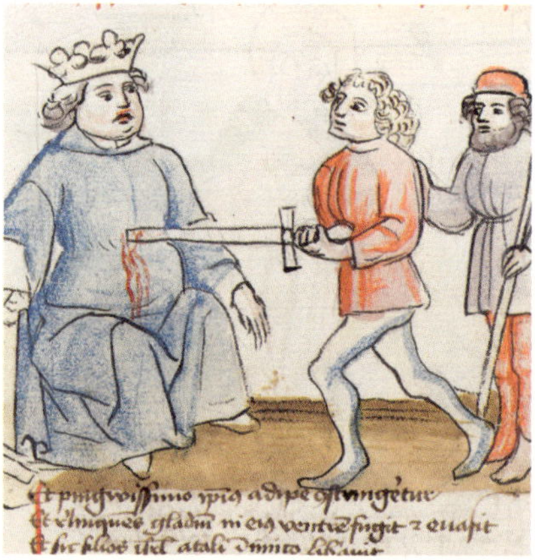

Schätze mal, ich werde draufgehen, Deutschland, 15. Jahrhundert

Abgestochen, Schweiz, 14. Jahrhundert

»Ehrlich gesagt, ich hab nicht mal drauf geachtet«

Noch schnell die Pistolengeste, um den Killern zu signalisieren, dass man es nicht persönlich nimmt

Noch eine letzte Pose, Niederlande, 15. Jahrhundert

GERICHTSKAMPF

Hoppla, du hast dich wohl mit dem Falschen angelegt. Vielleicht hast du jemandes Ehepartner verführt, ein Mordkomplott geschmiedet, oder aber jemand kann dich einfach nicht leiden. Wie dem auch sei, man hat die Angelegenheit bei der Obrigkeit angezeigt, was bedeutet, dass du soeben in einen erbitterten Rechtsstreit hineingezogen wurdest. Wie kannst du dem Gericht deine Unschuld beteuern? Du wirst darum kämpfen müssen. Entscheidung per Faustrecht, Baby.

Habt ihr beide dasselbe Geschlecht, könnt ihr euch auf die gute altmodische Art einfach gegenseitig in Stücke hauen. Wer seinen Gegner niederstreckt, ist offenkundig unschuldig. Stehen sich dagegen ein Mann und eine Frau im Kampf gegenüber, müssen wir die Spielregeln ein wenig anpassen.

Der deutsche Fechtmeister Hans Talhoffer hatte für diesen Fall eine innovative Lösung parat. Er schlägt Folgendes vor:

Der Mann wird in ein hüfttiefes Loch gestellt, das er für die Dauer des Kampfes nicht verlassen darf. Er erhält eine Keule als Waffe.

Die Frau steht ebenerdig vor dem Loch und kann sich frei bewegen. Ihre Waffe ist ein Stoffbeutel – mit einem großen Stein darin.

Erstaunlich einfach, oder? Hier ein paar Techniken, auf die du gefasst sein solltest, falls du jemals in so einen Zweikampf gerätst.

Was Kerle miteinander halt so anstellen, Frankreich, 15. Jahrhundert

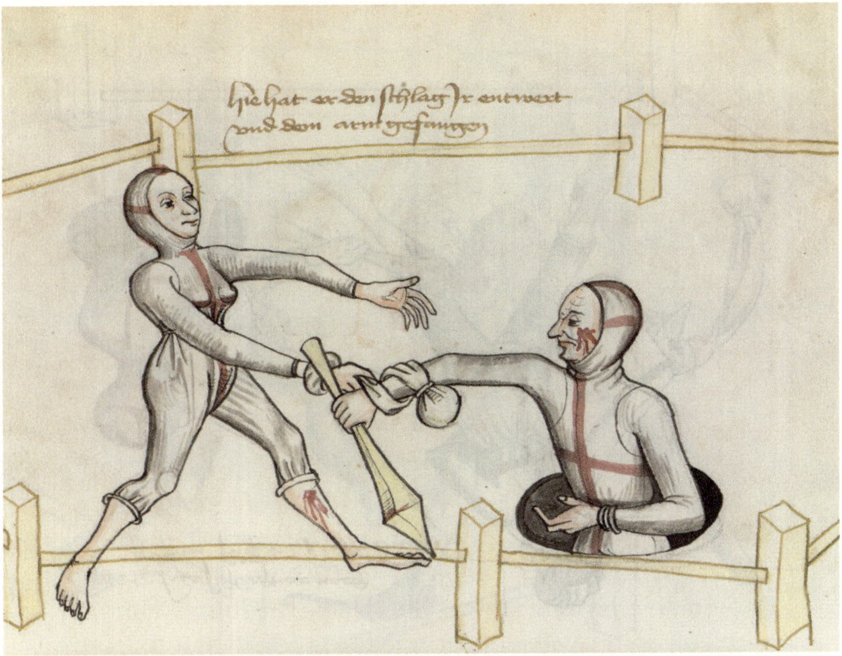

Den Gegner mit dem Steinbeutel außer Gefecht setzen: sehr innovativ

Der Mann erwischt die Frau mit einer Handramme: Der Sieg geht an ihn

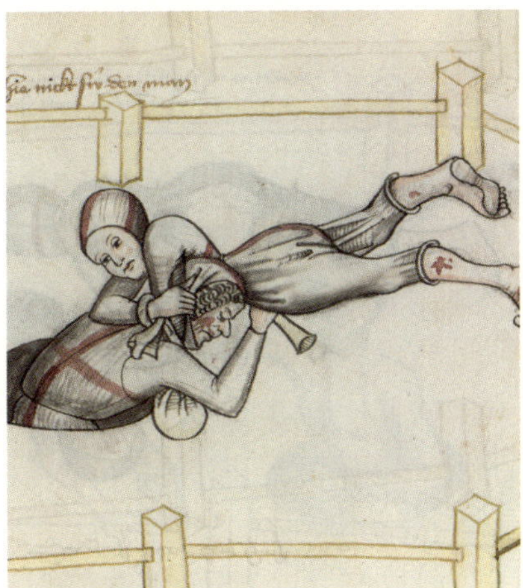

Die Frau schafft es, den Mann in den Würgegriff zu nehmen: Der Sieg geht an sie

WELCHE STRAFE ERWARTET DICH?

Das Urteil steht fest, du bist schuldig im Sinne der Anklage. Bevor das Strafmaß verkündet wird, müssen wir noch bewerten, wie groß die Gefahr ist, die du für die Gesellschaft darstellst. Mittels der Fragen auf dieser Seite soll deine Kenntnis der bestehenden Gesetzeslage und Rechtsprechung geprüft werden. Je mehr du korrekt beantwortest, desto weniger hart wird deine Strafe ausfallen. Liegst du zu oft daneben, wirst du deine kriminelle Veranlagung schon sehr bald bereuen!

1. Angenommen, du hast Lust auf eine Partie Fußball mit deinen Kameraden. Unter welchen Umständen wäre dies illegal? (*England, 1349*)

A. Wenn ihr auf öffentlichen Flächen spielt
B. Sonntags oder an sonstigen kirchlichen Feiertagen
C. Wenn Frauen (mit)spielen
D. Es ist immer illegal

2. Nebenan zieht ein neuer Nachbar mit seiner Frau ein, die ein ziemlicher Hingucker ist. Sie zeigt Interesse an dir und schlägt vor, dass ihr eine Affäre anfangt. Was könnte passieren, wenn ihr erwischt werdet? (England, 7. Jahrhundert)

A. Man schlägt dir den Kopf ab
B. Du ermittelst im Zweikampf mit dem Nachbarn, wer die Frau bekommt
C. Dir wird zur Auflage gemacht, eine neue Frau für deinen Nachbarn zu finden
D. Euch beiden werden für alle Welt sichtbare Schandmale eingebrannt

3. **Eines deiner Schweine entwischt aus dem Stall und tötet beim Herumstreunen auf der Straße zufällig ein kleines Kind. Wen zieht das Gericht zur Rechenschaft? (*Frankreich, 1494*)**

A. Dich
B. Das Kind
C. Das Schwein
D: Die Familie des Kindes

4. **Welches der folgenden Beispiele ist *niemals* ein triftiger Grund für eine Scheidung von deinem Ehemann? (Irland, ca. 8. Jahrhundert)**

A. Er plaudert Details über euer Intimleben aus
B. Er badet weniger als zweimal pro Monat
C. Du kannst seine Konkubine nicht ausstehen
D. Er nimmt homosexuelle Handlungen vor

5. **Welches Verbrechens wurde der Adlige Salvagio de Aste in mindestens sieben Fällen überführt? (Italien, 16. Jahrhundert)**

A. Er klaute beim Metzger Würste
B. Er trug allzu extravagante Kleidung
C. Er weigerte sich, in der Kirche den Hut abzunehmen
D. Er lästerte über den Papst

1. A 2. C
3. C
4. B 5. B

Um dein Schicksal zu erfahren, zähle nun, wie viele Fragen du korrekt beantwortet hast.

5 Richtige: Du bist um eine Gefängnisstrafe herumgekommen! Du machst dich auf Nimmerwiedersehen aus dem Staub.

3–4 Richtige: drei Tage Pranger. Dir passiert wahrscheinlich nichts Schlimmes, allerdings dürfen Passanten deine nackten Füße kitzeln, schlagen oder anderweitig misshandeln. Und in drei Tagen kann Füßen so einiges passieren.

1–2 Richtige: zehn Jahre Knast.

0 Richtige: Rübe ab!

EUROPAS MOST WANTED

Nun, da du dir eine kriminelle Existenz zugelegt hast, gibt es wahrscheinlich kein Zurück mehr, selbst wenn du es irgendwie schaffen solltest, wieder aus dem Gefängnis rauszukommen. Warum also nicht einen draufsetzen und ein paar noch schwerere Verbrechen begehen, wenn sich die Chance bietet? Zur Inspiration hier einige berüchtigte Outlaws, die dank ihrer Missetaten zu beträchtlichem Ruhm gelangt sind.

Richter, Geschworener und Henker

JOHN PENROS: des Gesetzes falscher Freund

John war ein begabter Advokat, der rasch zum Lordoberrichter von Irland aufstieg. Des Durchsetzens von Regeln überdrüssig, beschloss er, stattdessen selbst welche zu brechen, und wurde schon bald des Diebstahls, Hochverrats und Mordes beschuldigt. Doch das beeindruckte John nicht: Er war noch jahrelang weiter als Advokat und Verbrecher unterwegs und wurde nie für seine Taten belangt.

Es ist noch keine Piratin vom Himmel gefallen

JEANNE DE CLISSON: die bretonische Tigerin

Nachdem der französische König ihren Ehemann irrtümlich wegen Hochverrats hatte hinrichten lassen, schwor Jeanne Rache. Sie trommelte 400 Männer zusammen und kaufte drei Kriegsschiffe, die sie schwarz anstreichen und deren Segel sie rot färben ließ.
13 Jahre lang machte sie Jagd auf französische Schiffe und dezimierte deren Besatzungen. Dabei achtete sie stets darauf, ein paar Seeleute zu verschonen, die dem König berichten konnten, wer seine Männer auf dem Gewissen hatte. Auch wenn sie sich letztlich wieder auf dem Festland niederließ, war ihre Karriere als Korsarin nicht vergebens: Dank der Engländer, deren Unterstützung sie hatte gewinnen können, sicherte sich Jeanne ein Baronat, eine Burg, einen Ehemann und ein langes, friedliches Leben.

EUSTACHIUS, DER SCHWARZE MÖNCH: ein gottloser Mann

Seine Mitbrüder hielten Eustachius für einen ganz normalen Mönch, doch der Legende nach war er insgeheim der wohl mächtigste schwarze Magier Frankreichs. Ob er wirklich einen Pakt mit dem Teufel schloss, werden wir wohl nie erfahren, doch aus irgendeinem Grund entschied sich Eustachius eines Tages fürs Piratendasein. Er ließ sich von den Engländern als Söldner anwerben, verriet diese dann an die Franzosen und stiftete über ein Jahrzehnt lang im Ärmelkanal Chaos, bevor man ihn schließlich fasste und enthauptete.

Wenn brave Mönche auf die schiefe Bahn geraten

GÖTTLICHE HEILUNG

Deine bewährten Mittelchen haben versagt? Die Pestbeulen wollen einfach nicht verschwinden? Keine Sorge, für solche Fälle gibt's eine absolut zuverlässige Methode: auf die Knie fallen und anfangen zu beten. Sollte Gott dein Bitten nicht persönlich erhören, finden sich bestimmt ein, zwei Heilige, die ein paar Minuten Zeit haben, um dir behilflich zu sein. Mittels ihrer göttlichen Kräfte werden sie dich umgehend wieder fit machen. Du glaubst das nicht? Hier einige Fälle heiliger Intervention.

Hier hätte ein geschickterer Umgang mit der Axt präventiv wirken können, doch das nur nebenbei. Ein abgetrenntes Bein ist nichts im Vergleich zu den Heilkräften der Jungfrau Maria

Marias Wundertaten gehen aber noch weiter: Sie heilte einen Mann von seinem Mundkrebs, und das mit nichts weiter als einem Kuss! Der Engel achtete darauf, dass die Sache nicht ausuferte

Die gemütliche Stimmung beim Abendessen in der Abtei drohte zu kippen, als sich eine Nonne an einem Knochen verschluckte und zu ersticken drohte. Zum Glück war die heilige Hedwig zur Stelle und entfernte ihr mit einer bloßen Geste und einem gütigen Lächeln den garstigen Fremdkörper aus der Luftröhre

Ludwig IX. wird nachgesagt, dass er mittels seines inbrünstigen Glaubens göttliche Heilkräfte entfesseln konnte. Die Abbildung zeigt ihn dabei, wie er einen Mann von der Skrofulose heilt. Solltest du dich jemals skrofulös fühlen, rufe Ludwig IX. an, damit er deine Skrofulose ein für alle Mal ausmerzt!

DER JÜNGSTE TAG

Moment mal, du hast doch nicht gedacht, dass mit deinem Tod alles vorbei ist, oder? Der eigentliche Sinn des Lebens besteht doch darin rauszukriegen, was danach kommt. Wenn du brav warst, wirst du reich belohnt, und wenn du böse warst, nun ja … darüber können wir uns später noch Gedanken machen. Die Zeit ist gekommen, um über deine Seele zu richten und ihr ewiges Los zu beschließen.

Warst du jemals wütend?
A. Ich habe meine Gefühle vollends unter Kontrolle
B. Manchmal schreie ich ein bisschen rum, wenn ich verstimmt bin
C. Ich habe auf alles und jeden eine Wut, und zwar ständig

Bist du in die Kirche gegangen, wenn es von dir erwartet wurde?
A. Sogar wenn es nicht von mir erwartet wurde
B. Ein paarmal hab ich's vergessen, aber ich wäre echt gerne da gewesen
C. Ich habe dieses alberne Gebäude nicht ein einziges Mal betreten

Hast du vulgäre Ausdrücke benutzt?
A. Ich würde meinen Mund niemals mit unflätiger Sprache beschmutzen
B. Ein bisschen Fluchen unter Freunden, was macht das schon?
C. Ich gebe anstößige Obszönitäten von mir, sobald ich mein verdammtes Maul aufreiße

Bist du deinem Gottesglauben treu geblieben?
A. Ich habe mich niemals vom Licht des Herrn abgewendet
B. Manchmal habe ich mit meinem Glauben gerungen, aber ich bin ziemlich sicher, dass Gott existiert
C. Gott ist tot, und ich habe ihn umgebracht

Hast du jemals etwas genommen, das nicht dir gehörte?

A. Nein, mir mangelt es nicht an materiellen Gütern
B. Ich habe dem Drang zu stehlen fast immer erfolgreich widerstehen können
C. Ich tu's gerade

Hast du jemals einen Menschen ermordet?

A. Schon die Frage empfinde ich als Beleidigung
B. Nein, aber wenn jemand meinen verblödeten Schwager abmurksen würde, hätte ich nichts dagegen
C. Von meinen Händen trieft das Blut Unschuldiger

Hast du für deine Sünden Buße getan?

A. Ich habe getan, was ich konnte, um Wiedergutmachung zu leisten
B. Ich bereue meine Sünden total, bin aber nie richtig zum Büßen gekommen
C. Das Einzige, was ich bedauere, ist, dass ich nicht noch mehr gesündigt habe

Mehrheitlich A: Gratulation, Du hast es in den HIMMEL geschafft! Du warst ein guter Mensch und hast nicht übermäßig gesündigt, und wenn doch, dann hat es dir wahrscheinlich aufrichtig leidgetan. Eine Engelsschar wird deine Seele nun in die Wolken hinauftragen, und dort wirst du ewige und vollkommene Glückseligkeit erfahren. Berühmte Personen, die in den Himmel gekommen sind: König Salomo, Thomas von Aquin und Jesus.

Mehrheitlich B: Wie es aussieht, geht's für dich ab ins FEGEFEUER! Wahrscheinlich hast du ein paar kleine Sünden begangen, aber nichts allzu Schwerwiegendes. Deine Seele kann noch gerettet werden, jedoch wirst du zunächst bestraft, um deine Sündenschuld zu begleichen. Irgendwann kommen dann Engel und tragen dich in den Himmel hinauf. Bete einfach weiter, und du wirst es schaffen! Berühmte Personen, die ins Fegefeuer gekommen sind: König Heinrich III. von England und Papst Hadrian V.

Mehrheitlich C: Hoppla, geradewegs in die HÖLLE! Wahrscheinlich hast du das Sündigen genossen, und dein Leben war ein einziger Affront gegenüber Gott. Du bist nicht zu retten und wirst bis in alle Ewigkeit brennen. Dämonen werden sich täglich neue grausame Folterqualen für dich ausdenken. Berühmte Personen, die in die Hölle gekommen sind: Attila der Hunnenkönig, Judas Ischariot und Satan.

Auf dem Weg in den Himmel, Flandern, ca. 1500

Auf dem Weg in die Hölle, Flandern, ca. 1500

Seitenwunde Christi, Luxemburg, 14. Jahrhundert

2. TEIL

BESTIARIUM

VIERBEINER
Kreaturen, die auf der Erde wandeln

FISCHE
Kreaturen, die im Meer schwimmen

VÖGEL
Kreaturen, die durch die Lüfte fliegen

KRIECHTIERE
Kreaturen, die am Boden krabbeln

Tiere können gut, böse oder irgendwas dazwischen sein, genau wie Menschen. Doch während Menschen, sobald sie den Mund öffnen, gewöhnlich zu erkennen geben, was davon sie sind, können Tiere schwerer zu deuten sein. Du magst es müßig finden, über die Moralvorstellungen von Schnecken oder Igeln nachzugrübeln, doch kann ich dir versichern, dass Gott das ganz anders sieht. Er hat uns all diese Kreaturen ja schließlich nicht ohne Grund auf der Erde zugesellt, oder? In einigen Fällen sollte es nützlich sein: um Menschen mit Nahrung, Gesellschaft oder unbezahlter Arbeit zu versorgen. Manche Tiere sind sogar sehr weise, weiser womöglich als manche Leute. Viele Tiere dienen aber auch als warnende Beispiele, sind Vorboten von Schurkerei, Sünde und Gefahr. Diese sollte man meiden wie den Teufel.

Das Bestiarium ist dein praktisches Who's who des Tierreichs, geschrieben, um dir die Mühe zu ersparen, selbst herausfinden zu müssen, wie mit jedem einzelnen Tier umzugehen ist. Ist es eine gute Idee, eine Eule zu essen? Sind Wölfe freundliche und sanftmütige Wesen? Sind Fische bessere Eltern als Bären? Auf alle Fragen, die dir auf der Seele brennen, findest du hier eine Antwort. Ich weiß, du brennst darauf, in die Welt der Wildnis aufzubrechen, doch bevor du das tust, schlage ich vor, dass du dir die folgenden Seiten anschaust und dich mit den Wesen vertraut machst, die dir unterwegs begegnen könnten.

Und Gott sprach: »Lasset uns Menschen machen, ein Bild, das uns gleich sei, die da herrschen über die Fische im Meer und über die Vögel unter dem Himmel und über das Vieh und über die ganze Erde und über alles Gewürm, das auf Erden kriecht.«

1. BUCH MOSE, 1:26

VIERBEINER

KREATUREN, DIE AUF DER ERDE WANDELN

Ich bin sicher, du weißt bereits, dass es auf der Welt vier Tierkategorien gibt: Vierbeiner, Vögel, Fische und Kriechtiere. Jede Kreatur kann einer dieser Gruppen zugeordnet werden. Wenn du meinst, ein Tier zu kennen, das weder Vierbeiner, Vogel, Fisch oder Kriechtier ist, dann liegst du falsch. Gott hat diese Kategorien geschaffen. Sie sind unumstößlich. Auch das Bestiarium folgt bei der Darstellung der Tiere dieser Kategorisierung.

Wir beginnen mit den Vierbeinern, weil diese eine ganz besondere Kategorie bilden. Sie umfasst alle Tiere mit Fell und Fang, die mit uns auf der Erde wandeln. Unsere engsten Gefährten, unsere Lasttiere und unsere nächsten Verwandten. Wer könnte einem Jagdhund in die Augen schauen, ohne den Funken Menschlichkeit zu erkennen, der uns da entgegenblickt? Wer könnte die Güte des edlen Löwen leugnen, der Menschen ganz gewiss niemals zum Spaß töten würde? Natürlich sind nicht alle Kreaturen freundlich: In dieser Kategorie finden sich einige der tödlichsten, hinterlistigsten Tiere auf Erden. Einige von ihnen, etwa die Katze, wandeln sogar unter den Menschen und verbergen ihre wahre Natur. Wenn du gegen die Gefährlichkeit der Vierbeiner gewappnet sein willst, musst du ihnen an Stärke und Klugheit ebenbürtig sein.

DER LÖWE

LATEINISCHER NAME: LEO

VORKOMMEN: HERRSCHT ÜBER SEIN REICH UND ALLE GERINGEN WESEN DARIN

STÄRKEN: MORDSMÄSSIGE MÄHNE, EIN NAHEZU ANTHROPOMORPHES GERECHTIGKEITSGEFÜHL

SCHWÄCHEN: ANGST VOR GOCKELHÄHNEN SOWIE DIE ANGST DAVOR, DASS EBENDIESE ANGST AUFFLIEGT

WERT: 5 ✻ **SCHÖNHEIT**: 5 ✻ **GEFÄHRLICHKEIT**: 4

Der Löwe ist das bei Weitem eitelste Tier. Deshalb haben sich auch so viele Päpste »Leo« genannt. Diese furchterregende Raubkatze ist edel, tugendhaft und tötet jede Kreatur, die sich weigert, sich ihrer Macht zu beugen. So hat sie sich den angesehenen Titel »König der Tiere« erworben. Zum Glück ist die Wahrscheinlichkeit ziemlich gering, dass du auf dem Weg zum Markt oder ins Rübenfeld einem Löwen begegnest. Trotzdem ist es keine schlechte Idee, für den Fall der Fälle schon mal das Verneigen und Kratzfüßeln zu üben. Ist der Löwe von deiner Demutsgeste überzeugt, wird er dich aller, aller Wahrscheinlichkeit nach nicht in Stücke reißen. Angenommen, du kommst davon, dann solltest *du* eines vom Löwen lernen: Wenn du das nächste Mal im Begriff bist, sinnlose Gewalt gegen ein hilfloses Opfer zu verüben, gib ihm die Chance, sich zu ergeben, bevor du zuschlägst. So was nennt man Großmut.

Kein Tier wagt es, dem Löwen die Stirn zu bieten. Mit einer Ausnahme: Löwen haben Angst vor Gockelhähnen. Sobald sie einen erblicken, ducken sie sich und schlottern vor Angst. Löwen wollen nicht, dass du das weißt, also sag bloß nicht, dass du das von mir hast – immerhin ist es nicht gerade die beste PR für den sogenannten König der Tiere.

Auf dem oberen Bild sehen wir, wie der majestätische Löwe Gnade walten lässt über die, die sich vor seinem Ruhm verneigen. Darunter: Ein Löwe duckt sich vor einem Gockelhahn und hofft auf einen ähnlichen Gnadenakt. Der Hahn scheint sich die Sache noch zu überlegen

DER WOLF

LATEINISCHER NAME: LUPUS

VORKOMMEN: IN DEN TIEFEN DER FINSTERSTEN WÄLDER, WO ER DARAUF WARTET, DASS VERIRRTE REISENDE SEINEN WEG KREUZEN

STÄRKEN: NICHT SONDERLICH WÄHLERISCH, WENN'S ANS FRESSEN GEHT

SCHWÄCHEN: SCHAMHAFT, KOMMT NICHT DAMIT KLAR, ANGESTARRT ZU WERDEN

WERT: 1 ✻ **SCHÖNHEIT**: 1 ✻
GEFÄHRLICHKEIT: 4

Der Wolf ist eine von Grund auf böse Kreatur. Er fällt alles an, was ihm unter die Augen kommt, und alles, was er anfällt, das frisst er auch. Aber du wirst den Wolf nicht oft zu Gesicht bekommen, denn wie der Teufel ist er ein Feigling, der sich lieber im Dunkel versteckt, als sich bei Tageslicht blicken zu lassen. Da dieser Vierbeiner so überaus gefährlich ist, ist es sehr nützlich zu wissen, wie man sich verhalten muss, wenn man ihm in freier Wildbahn begegnet. Hier einige Tipps, die jeder ehrlichen Haut helfen werden, einen Wolf abzuwehren:

1. STELLE unbedingt sicher, dass du den Wolf siehst, bevor der Wolf dich sieht. Wenn du den Wolf zuerst ansiehst, wird er den Mut verlieren und nicht mehr angreifen. Sobald er dann hilflos ist, kannst du zubeißen.

2. LASSE NICHT ZU, dass der Wolf dich zuerst ansieht. Passiert das dennoch, wirst du so perplex sein, dass du nicht mehr um Hilfe rufen kannst. Und bist du erst einmal hilflos, dann beißt der Wolf zu. Dieses Scheusal.

3. ZIEHE dich aus. Ja, richtig gehört. Falls der listige Wolf dich zufällig überrascht und zuerst gesehen haben sollte, besteht noch Hoffnung. Du musst dich bis auf die Unterhose ausziehen, zwei Steine zur Hand nehmen und diese so fest aneinanderschlagen, wie du kannst. Bei diesem Anblick wird der Wolf die Flucht ergreifen. (Funktioniert auch bei Lustmolchen, Steuerfahndern und Schwiegereltern.)

4. HABE KEINE Gewissensbisse beim Gedanken daran, einen Wolf zu töten. Der Wolf will, dass du Gewissensbisse hast beim Gedanken daran, ihn zu töten. Das ist ein klassischer Wolfstrick. Wölfe sind nicht durch das Gesetz geschützt. Einen Wolf zu töten hat kein juristisches Nachspiel.

DER IGEL

LATEINISCHER NAME: ERICIUS

VORKOMMEN: WÜHLT SICH DURCH DICHT VERWACHSENES GESTRÜPP, WO ER VON NIEMANDEM GESTÖRT WIRD

STÄRKEN: MEISTER DER SELBSTVERTEIDIGUNG, BRAUCHT KEINE EINKAUFSTÜTEN

SCHWÄCHEN: KONFLIKTSCHEU

WERT: 3 ✱ **SCHÖNHEIT**: 2 ✱ **GEFÄHRLICHKEIT**: 2

Der Igel ist ein kleines Geschöpf, kugelrund, von Kopf bis Fuß mit borstigen Stacheln bedeckt und in der Lage, sich mit diesen gegen viele Gefahren zu verteidigen. Er bedient sich einer listigen Taktik: Nimmt er eine Bedrohung wahr, rollt sich der Igel zu einem Ball zusammen, sodass seine spitzen Stacheln in alle Richtungen abstehen. Dann hofft er im Stillen, dass sich das Problem von selbst lösen wird.[1]

Macht sich der Igel auf die Suche nach Futter, klettert er in Obstbäume und Weinstöcke, um deren Früchte zu Boden zu befördern. Dann rollt sich der Igel über die Früchte, um sie auf seinen Stacheln aufzuspießen. So ist er in der Lage, große Futtermengen nach Hause zu transportieren.

1. Das machen viele Menschen genauso, nur ohne Stacheln.

»Eigentlich esse ich am liebsten Steak, aber es ist viel schwerer, eine Kuh mit den Stacheln aufzuspießen als eine Traube.«[2]

Extrem rundlicher Igel, Italien, 15. Jahrhundert

2. Künstlerische Darstellungen von Igeln mit Früchten auf den Stacheln waren in mittelalterlichen Bestiarien äußerst beliebt und tauchen selbst heute noch in modernen Medien auf, vor allem in Bilderbüchern und Animationen für Kinder. Offenbar hat das Bild vom kleinen stacheligen Kerlchen, das seiner Familie einen Apfel mit nach Hause bringt, seinen Reiz über die Jahrhunderte bewahrt. Und vielleicht erwischen wir eines Tages ja sogar mal einen dabei!

DAS EINHORN

LATEINISCHER NAME: UNICORNIS

VORKOMMEN: ÜBERALL DORT, WO ES VOR DEN NEUGIERIGEN BLICKEN GIERIGER WILDERER SICHER IST

STÄRKEN: SCHÖN, PERFEKT, ENGELSGLEICH, WUNDERBAR

SCHWÄCHEN: NICHT SONDERLICH SCHLAU

WERT: 5 ✻ **SCHÖNHEIT**: 5 ✻ **GEFÄHRLICHKEIT**: 2

Das Einhorn ist ein zurückgezogen lebendes Wesen. Es heißt, es sei das majestätischste aller Tiere, reinen Herzens und voller Noblesse, das süßeste und anmutigste Ding, das man je zu Gesicht bekommen wird. Augenzeugen zufolge ist es sehr klein und fluffig, hat vier Beine mit Hufen dran sowie ein einzelnes Horn, das aus seiner Stirn herausragt. Das Horn ist dank seiner vielen medizinischen Eigenschaften extrem wertvoll und kann als Gegengift, Mittel gegen tödliche Krankheiten oder Aphrodisiakum wirken. Aufgrund seiner Kräfte kann ein Einhorn-Horn so viel kosten wie ein Schloss, und das ist nicht gerade wenig.[1]

Klar: Wenn es so einfach wäre, ein Einhorn zu erlegen, dann besäße wohl jeder Bauer so ein Horn. Im Übrigen sind diese Hörner auch deswegen so selten, weil Einhörner zu flink und stark sind, als dass Jäger sie ohne Weiteres erlegen könnten. Allerdings gibt es *eine* Methode, wie man eins überlisten kann.

Um ein Einhorn zu fangen, muss man sich eine Jungfrau suchen und diese in einen von Einhörnern bewohnten Wald führen. Erblickt das Einhorn die Jungfrau, wird es sich zu ihr hingezogen fühlen, den Kopf auf ihren Schoß betten und einschlafen.

---

1. Die langen, gewundenen Hörner, die im Mittelalter an Europäer verkauft wurden, waren meist Stoßzähne von Narwalen, die im Nordatlantik gejagt wurden. Wie es dazu kam, dass diese als extrem teure »Einhorn-Hörner« ausgegeben wurden, weiß niemand so recht …

Nun kannst du aus dem Gebüsch springen, in dem du dich versteckt hast (du hast doch daran gedacht, dich im Gebüsch zu verstecken, oder?), das anmutige, seltene Geschöpf erstechen und ihm das Horn absäbeln. Damit wäre deine Miete für die nächsten 500 Jahre bezahlt!

Ein Mädelsabend läuft mächtig aus dem Ruder, Flandern, 13. Jahrhundert

DER FUCHS

LATEINISCHER NAME: VULPES

VORKOMMEN: IN DER NÄHE VON HÜHNERSTÄLLEN, BEMÜHT, MÖGLICHST UNVERDÄCHTIG ZU WIRKEN

STÄRKEN: SCHAUSPIELERISCHES TALENT, KÖNNTE IM SHOWBUSINESS GROSS RAUSKOMMEN

SCHWÄCHEN: FEIND DES GESETZES

WERT: 1 ✱ **SCHÖNHEIT**: 2 ✱ **GEFÄHRLICHKEIT**: 2

Der Fuchs ist durchtrieben bis ins Mark und wird ein Problem niemals direkt angehen. Gaunerei und Täuschung sind ihm allemal lieber. Ein gutes Beispiel hierfür ist die bevorzugte Jagdstrategie des Fuchses. Edle Vierbeiner wie der Löwe verfolgen ihr Opfer, bis es zusammenbricht, oder überwältigen es mit ihrer gewaltigen Kraft, so wie Gott es vorgesehen hat. Ein hungriger Fuchs dagegen wird eine rötliche Schlammkuhle suchen und sich darin wälzen, bis sein Fell blutig aussieht. Dann läuft er einfach auf ein Feld, legt sich auf den Rücken und stellt sich tot. Es dauert nie lange, bis ein argloser Vogel den Fuchs entdeckt und sich nähert, um die Lage zu erkunden. Und schon sind nur noch Knochen von ihm übrig.

In vielen Fabeln tritt der Fuchs aufgrund seiner Schläue als betrügerische Figur auf. Es gibt kein besseres Beispiel als Reineke Fuchs, den Inbegriff des Störenfrieds in zahlreichen Volkssagen. Er gilt im ganzen Wald als Plagegeist, dessen Schlichen alle übrigen Tiere fortwährend zum Opfer fallen. Über weite Teile der Geschichten sind sie mit Versuchen beschäftigt, Reineke Fuchs wegen diverser Verbrechen seiner gerechten Strafe zuzuführen, unter anderem weil er:

1. die Kinder von Henning dem Hahn getötet und gefressen hat,
2. sich als Priester ausgegeben hat, um andere Tiere leichter töten und fressen zu können,
3. die Frau des edlen Löwen König Nobel verführt hat.

Mit List und Tücke, England, 14. Jahrhundert

Gerechtigkeit, England, 14. Jahrhundert

DIE KATZE

LATEINISCHER NAME: CATUS

VORKOMMEN: IMMER IN DER NÄHE EINES LECKERBISSENS

STÄRKEN: HOCHGRADIG FALSCH, ENTWAFFNEND FLAUSCHIG

SCHWÄCHEN: HUNDE DURCHSCHAUEN IHRE SPIELCHEN

WERT: 2 * **SCHÖNHEIT**: 2 * **GEFÄHRLICHKEIT**: 5

Die Katze ist der gefährlichste aller Vierbeiner. Mit ihren geschärften Sinnen und ihrem Hang zu jähen Gewaltausbrüchen gegenüber Ratten und Mäusen mag sie durchaus als nützliches Tier im Haus erscheinen. Vielleicht betört und umgarnt sie dich sogar mit ihrem sanften Schnurren und ihrer engelsgleichen Erscheinung. Aber wenn du so dumm bist, eine Katze in dein Haus zu lassen, wirst du merken, dass das genaue Gegenteil der Fall ist. Eine Katze lässt sich *niemals* zähmen! Im Gegenteil: Sie wird *dich* zähmen.[1]

Es ist äußerst wichtig, dass du dich nicht von den Schlichen der Katzen umgarnen lässt, egal wie sehr diese versuchen, dich für sich einzunehmen. Um ihnen künftig nicht zum Opfer zu fallen, mache dich bitte mit den folgenden klassischen Katzentaktiken vertraut, mit denen die Tiere versuchen, rechtschaffene Bürger dazu zu bewegen, sie bei sich zu Hause aufzunehmen.

1. Katzen sind womöglich die umstrittensten Tiere aller Zeiten. Ihre Verbindung zu Hexerei und Teufelswerk reicht bis ins Mittelalter zurück. Im damaligen Flandern und Frankreich sollen Katzen massenhaft umgebracht worden sein. Aber nicht überall wurde das so drastisch gehandhabt. Es existieren Aufzeichnungen über Katzenasyle im Nahen Osten aus der Zeit vor dem Jahr 1500. Eine Handschrift aus dem Jahr 600 berichtet sogar davon, dass »Frauen Katzen als Haustiere hielten, ihr Fell färbten, sie mit Schmuck ausstaffierten und in ihren Betten schlafen ließen«.

Musikalische Hypnose

Katze beim Orgelspiel, Flandern, 15. Jahrhundert

Sich als Schnecke ausgebend

Schneckenkatze, Frankreich, 15. Jahrhundert

Erweckt den Anschein, im Haushalt mithelfen zu wollen

Katze beim Buttern, Flandern oder Deutschland, ca. 1300

DER BÄR

LATEINISCHER NAME: URSUS[1]

VORKOMMEN: IN TIEFEN, DUNKLEN HÖHLEN, IN DIE SICH KEIN VERNÜNFTIGES WESEN VORWAGEN WÜRDE

STÄRKEN: EXPERTISE IN FRÜHKINDLICHER ENTWICKLUNG

SCHWÄCHEN: SÜCHTIG NACH HONIG, TUT ALLES FÜR DIE NÄCHSTE DOSIS

WERT: 3 ✻ **SCHÖNHEIT**: 2 ✻
GEFÄHRLICHKEIT: 4

Der Bär ist ein mächtiges und furchterregendes Tier, ähnelt aber auch ziemlich dem Menschen, da er wie kaum ein anderer Vierbeiner auf zwei Beinen stehen kann. Die Bärin ist nur 30 Tage lang trächtig, und da ihre Tragezeit so kurz ist, sind die Jungen, die sie zur Welt bringt, kaum mehr als unförmige Fleischklumpen. Dann leckt die Bärenmutter ihren amorphen Nachwuchs, um ihn mit der Zunge in seine eigentliche Form zu bringen. Solltest du je ein Bärenjunges erblicken, das ein bisschen komisch aussieht, ist seine Mutter wahrscheinlich nicht allzu künstlerisch veranlagt. Aber mit diesem Risiko muss man als Bär leben.

1. Das altgriechische Wort für Bär lautet ***arktos***. Germanische Stämme verwendeten im ersten Jahrtausend vor Christi Geburt ein ähnliches Wort: *arkto*. Allerdings bewegte die tief sitzende Angst, das Aussprechen des wahren Namens der Kreatur würde zum Erscheinen des Bären führen, die Menschen dazu, das Wort *arkto* durch den Euphemismus *bera* zu ersetzen, das vermutlich »der Braune« oder »wildes Tier« bedeutete. Aus *bera* hat sich dann das moderne Wort *Bär* entwickelt.

»Nur noch ein kleiner Snack
vor dem Schlafengehen«

HÜTE DICH VOR BÄREN

Die Bibel erzählt die Geschichte von Elischa, einem Propheten, der von einer Gruppe Jungen wegen seiner Glatze verspottet wurde. Der weise und gerechte Elischa nutzte seine heiligen Kräfte, um zwei Bären aus den Wäldern herbeizurufen, die die Jungen verschlangen.

Hoffen wir mal, dass ihnen das eine Lektion war!

DER MANTIKOR

LATEINISCHER NAME: MANTICORA

VORKOMMEN: ÜBERALL, WO MENSCHENFLEISCH VORHANDEN IST – WENN DU DIES LIEST, KÖNNTE ER ALSO IN DER NÄHE SEIN

STÄRKEN: DER PERFEKTESTE BEUTEGREIFER, DEN DIE NATUR HERVORGEBRACHT HAT

SCHWÄCHEN: FALLS DU WELCHE FINDEST, LASSE ES UNS BITTE WISSEN

WERT: 1 ✻ **SCHÖNHEIT**: 1 ✻
GEFÄHRLICHKEIT: 5

Der Mantikor ist eine furchterregende Bestie mit menschlichem Gesicht und dem Körper eines Löwen. Er hat drei Zahnreihen und einen Stachel an der Schwanzspitze, der ein tödliches Gift abgibt. Sobald der Stachel deine Haut durchsticht, beginnt dein qualvoller Todeskampf. Einigen Berichten zufolge kann der Mantikor Stacheln sogar wie Pfeile in alle Richtungen verschießen. Er ist ein extrem effizienter Jäger, kann beim Verfolgen seiner Beute überaus schnell laufen und große Distanzen im Sprung überwinden. Am liebsten frisst er Menschenfleisch, nimmt im Notfall aber auch mit jeglichem anderen rohen Fleisch vorlieb.

Angeblich stößt der Mantikor einen Laut aus, der wie eine Mischung aus Rohrflöte und Trompete klingt. Immerhin darfst du also noch ein bisschen nette Musik hören, bevor du qualvoll verendest, oder? Es ist nicht leicht, sich die Sache schönzureden.

Ein nicht ganz so bekannter Wesenszug des Mantikors ist seine Vorliebe für alberne Mützen, die er oft trägt, während er seiner Beute nachstellt und diese dann verschlingt

DER HUND

LATEINISCHER NAME: CANIS

VORKOMMEN: IMMER DA, WO HERRCHEN ODER FRAUCHEN IST

STÄRKEN: BLINDER GEHORSAM

SCHWÄCHEN: MAN KANN NICHT UNENDLICH VIELE HABEN

WERT: 5 * **SCHÖNHEIT:** 3 * **GEFAHR:** 1

Der Hund ist ein außerordentlich kluger Vierbeiner, denn er ist das einzige Geschöpf, das seinen eigenen Namen erkennt! (Anwesende ausgenommen.) Der Wert eines Menschen bemisst sich an der Frage, ob er Hunde liebt und wertschätzt sowie daran, ob er sich Mühe gibt, sie zu trainieren und gut zu behandeln. Zum Dank für deine Zuwendung wird dein Hund dich mit Sicherheit ein Leben lang treu begleiten. Und womöglich darüber hinaus: Man weiß, dass ein Hund, dessen Herrchen ermordet worden ist, den Mörder wiedererkennt. Er wird so lange nicht aufhören, nach dem Halunken zu schnappen und ihn anzubellen, bis dieser gefasst ist. Halte dir einen Hund – wenn schon nicht zu deinem momentanen Gewinn, dann mit Blick auf den hypothetischen Vorteil einer raschen Festnahme für den Fall, dass du eines Tages ermordet wirst.

Du bist ein umso besserer Mensch, je mehr Hunde du hast. Lege dir also möglichst viele Hunde zu. Vielleicht hast du Mühe, dir passende Namen für all die Hunde in deinem Bestand auszudenken. Zum Glück hat ein englischer Adliger namens Edward, Duke of York, einst eine Liste mit 1126 Namen erstellt, die er für alle Arten von Hunden geeignet fand.

Hier ein kurzer Auszug:

Blodeman
Cannone
Crabbe
Doglas
German
Grimbolde
Musike
Norman
Paris
Radissche

JEDER BRAUCHT EINEN HUND

Auf den folgenden Seiten finden sich die unterschiedlichsten Gestalten, adlige wie einfache, gute wie böse. Eines aber haben sie gemein: Sie alle sind Hundebesitzer!

King John liebte seine Hunde

Eine Dame braucht natürlich einen Hund – wie sonst sollte sie zur Jagd gehen?

Pontius Pilatus? Auch er hatte anscheinend einen Hund

DER ZENTAUR

LATEINISCHER NAME: CENTAURUS

VORKOMMEN: MANCHE MEINEN, ZENTAUREN LEBTEN IRGENDWO IN AFRIKA (JENES FERNE LAND, DU WEISST SCHON)

STÄRKEN: WEISS, WIE MAN RICHTIG PARTY MACHT

SCHWÄCHEN: FINDET BEIM PARTYMACHEN KEIN ENDE

WERT: 1 ✻ **SCHÖNHEIT**: 2 ✻ **GEFÄHRLICHKEIT**: 2

Zentauren sind animalische Geschöpfe mit menschlichem Oberkörper und dem Unterleib eines Pferdes.[1] Sie lieben das Jagen, Besäufnisse und das Feiern in der Herde. Sie mögen so intelligent sein wie Menschen, sind aber eben auch so wild, lüstern und hedonistisch wie Pferde. Sie sind Träger einer wichtigen Botschaft, denn uns allen wohnt sowohl ein kleiner menschlich-rationaler als auch ein pferdemäßig-ungezügelter Anteil inne. Der Mensch und das Pferd in uns sind zum ewigen Kampf um die Vorherrschaft verdammt. Gib acht, dass nicht das Pferd die Oberhand gewinnt, damit du nicht auf immerdar der Sünde und Trunkenheit anheimfällst. Wie man es ja von Pferden kennt.

Allein dieser freakige Schnauzbart spricht doch Bände, oder?

1. Zumal der Pferdeteil eigentlich ein komplettes Pferd ist, nur eben ohne Kopf und Hals. Streng genommen heißt das, dass Zentauren zwei Herzen, vier Brustwarzen und sechzig Rippen haben. Das muss man sich mal klarmachen.

Wenn Zentauren wirklich halb Mensch, halb Pferd wären, dann würden sie so aussehen

»Ich bin halb Zentaur, halb Pferd. Deswegen wurde ich ohne Arme geboren«

DER ELEFANT

LATEINISCHER NAME: ELEPHAS

VORKOMMEN: IN GROSSEN HERDEN, DIE WIE LEBENDE BERGKETTEN DURCH DIE LANDSCHAFT TRAMPELN

STÄRKEN: ENORME MUSKELN, ENORME ALTRUISTISCHE KAPAZITÄTEN

SCHWÄCHEN: KANN NICHT AUFSTEHEN

WERT: 5 ✽ **SCHÖNHEIT**: 2 ✽ **GEFÄHRLICHKEIT**: 3

Der Elefant ist ein Vierbeiner von der Größe eines Berges. Er besitzt zwei Stoßzähne aus Elfenbein und eine Nase, die wie eine Schlange aussieht. Was auch immer der Elefant mit seinem Rüssel umschlingt oder mit den Füßen zertrampelt, es wird dank seiner Kraft und Körpergröße komplett zerquetscht. Umso erfreuter wirst du sein zu erfahren, dass der Elefant ein gutes und edelmütiges Tier ist und noch dazu ein Freund aller Menschen. Trotz seiner enormen Kraft und Körpergröße richtet er nie absichtlich Schaden an, und wenn er doch mal versehentlich jemanden tottrampelt, tut es ihm jedes Mal total leid. Eine bedeutende Schwäche jedoch hat der Elefant: Er hat keine Knie, und deshalb kann er auch nicht wieder aufstehen, wenn er einmal gestürzt ist.[1]

Begegnen diese sanften Riesen in der Wüste einem hilflosen Menschen, werden sie alles ihnen Mögliche tun, die verirrte Seele wieder in sichere Gefilde zu führen.

---

1. Nein, das ist ein Mythos: Elefanten haben sehr wohl Knie. Ein weiterer verbreiteter Mythos besagt, dass Elefanten sogar *vier* Knie haben, also zweimal so viele wie alle anderen Landsäugetiere. Auch das stimmt nicht. Elefanten haben zwei Knie. Die normale Anzahl von Knien.

Elefanten in der Schlacht, England, 13. Jahrhundert

Elefanten in Friedenszeiten, England, 13. Jahrhundert

VÖGEL

KREATUREN, DIE DURCH DIE LÜFTE FLIEGEN

Jedes Tier, das fliegt, ist der Definition nach ein Vogel. Was positive Symbolik angeht, sind Vögel seit jeher Spitzenreiter, und es ist auch nicht unbedingt schwer zu verstehen, warum. Immerhin leben Vögel im Himmel, und da wohnt ja schließlich auch der liebe Gott. Und Gott hätte sie da oben wohl kaum hingelassen, wenn er sie nicht mögen würde. Viele Vögel singen schöne Lieder, um uns Menschen zu erfreuen, was äußerst aufmerksam von ihnen ist. Sie müssen alles in allem also ziemlich nette Geschöpfe sein. Außerdem meiden die meisten Vögel Dreck und fressen appetitliche Sachen wie Früchte und Körner – ein untrügliches Zeichen von Anstand.

Natürlich werden nicht alle Flugtiere diesen hohen Standards gerecht. Einige, etwa die Fledermaus oder die Eule, scheinen die normale Lebensweise aufgegeben zu haben und verstecken sich vor dem Licht des Herrn, stoßen schreckliche Kreischlaute aus oder waten durch den Dreck. Wieso sie sich für so einen widerwärtigen Lebenswandel entschieden haben, ist ungewiss. Aber es ist zweifellos ein Zeichen, dass man sie meiden sollte.

DER ADLER

LATEINISCHER NAME: AQUILA

VORKOMMEN: NISTET AUF TÜCKISCHEN KLIPPEN MIT BLICK AUFS MEER

STÄRKEN: IST ZU EXTREMEN HÖHENFLÜGEN FÄHIG

SCHWÄCHEN: IN DER ELTERNROLLE FORDERND

WERT: 5 ✻ **SCHÖNHEIT**: 5 ✻ **GEFÄHRLICHKEIT**: 2

Der Adler ist aus mehreren Gründen ein ungemein edler und besonderer Vogel, vor allem, weil er ewig lebt. Im Laufe seines Lebens wird er irgendwann sehr alt, welk und erblindet allmählich. Aber der Adler hat eine Lösung parat. Er fliegt zur Sonne hinauf und lässt sich das alte Federkleid absengen. In diesem Zustand sieht er aus wie ein (äußerst majestätisches) gerupftes Huhn. Dann stürzt er sich hinab in den Ozean. Das Meerwasser wäscht ihm den Schleier von den Augen, und der Adler ist wie neugeboren.

Adler haben ein extrem gutes Sehvermögen: Sie können geradewegs in die Sonne schauen. Aber nicht alle Adlerjungen kommen mit dieser Fähigkeit zur Welt. Um rauszukriegen, welche Jungen das nicht können, zwingt die Adlermutter ihren Nachwuchs, direkt in die Sonne zu schauen. Wer den Blick abwendet, wird unverzüglich aus dem Nest geworfen. In einigen Kulturen würde man das als Kindesmisshandlung bezeichnen, für Adler dagegen gehört es zum Abc der Pädagogik.

Dante lässt uns in seinem Gedicht »Paradiso« wissen, dass sich die Seelen der Gerechten im Himmel zur Form eines riesigen, strahlenden Adlers vereinen. Wenn du, liebe Leserin und lieber Leser, Teil dieses riesigen himmlischen Seelen-Adlers werden und mit weltberühmten Führungspersönlichkeiten plaudern willst, dann solltest du am besten ein moralisch aufrechtes Leben führen. Der Adler nimmt nämlich nicht jeden x-Beliebigen auf, verstehst du? Er ist ein äußerst exklusiver Vogel.

»Mir fällt das auch nicht leicht, Kinder, aber euer Bruder Tommy ist nun mal schwach«

»Sorry, aber der Adler ist schon voll. Wenn du für deine Sünden büßt und ein frommes Leben führst, können wir dich vielleicht am nächsten Dienstag noch reinquetschen«

DIE SIRENE

LATEINISCHER NAME: SIRENA

VORKOMMEN: AUF SCHROFFEN FELSEN IN STURMGEPEITSCHTEN MEEREN

STÄRKEN: BEGABTE SÄNGERIN, VERMAG IHR PUBLIKUM STETS ZU FESSELN

SCHWÄCHEN: FESTE BEZIEHUNGEN SIND NICHT IHR DING

WERT: 1 ✻ **SCHÖNHEIT**: 5 ✻ **GEFÄHRLICHKEIT**: 4

Die Sirene hat von der Hüfte aufwärts einen Frauenkörper, während ihre untere Hälfte die eines jämmerlichen Vogels ist. Diese Halbfrauen haben schöne Gesichter. Sie betören Seemänner, deren Schiffe die Felsen passieren, auf denen die Sirenen logieren, mit ihrem lieblichen Gesang. Diese Klänge sind so berückend, dass die Seeleute bald ganz fest einschlafen. Dann stürzen sich die Sirenen auf sie und reißen sie in Stücke. Nicht um sie zu fressen oder dergleichen, sie zerreißen Seemänner einfach für ihr Leben gern.

Bischof Leander von Sevilla schrieb einmal, dass alle Frauen entweder Nonnen oder Sirenen seien. Einfacher ausgedrückt: Frauen können nicht zugleich attraktiv *und* gut sein. Eine schöne Frau ist eben bloß eine teuflische Sirene, die darauf wartet, dich in sündhafte Versuchung zu führen. Ohne Ausnahme. Ebenso wie man einer Sirene nur entkommt, indem man sich die Ohren gegen ihren Gesang verstöpselt und rasch davonsegelt, sollte man eine hübsche Dame, die man erblickt, ignorieren, sich von ihr abwenden und das Weite suchen. Tut mir leid, falls du eine hübsche Dame sein solltest. Aber für dich gibt es keine Hoffnung.

»Ach, du bist auch eine Personifizierung der Übel menschlicher Sexualität? Kein Wunder, dass sie uns immer gemeinsam darstellen. Wir sollten mal was zusammen unternehmen!«

»Wenn sie dem Gesang nicht erliegen, dann klappt es meist mit einem kleinen Hornsolo«

DIE FLEDERMAUS

LATEINISCHER NAME: VESPERTILIO

VORKOMMEN: IN DUNKLEN HÖHLEN UND GRÜFTEN, DIE KEIN REINES WESEN ZU BEWOHNEN WAGEN WÜRDE

STÄRKEN: NACHTSICHTIGKEIT, GANZ SCHÖN COOLE FLÜGEL

SCHWÄCHEN: IRGENDWIE EKLIG, EIN BISSCHEN SELTSAM

WERT: 1 ✻ **SCHÖNHEIT**: 1 ✻ **GEFÄHRLICHKEIT**: 1

Wie die meisten Kreaturen der Finsternis hat die Fledermaus keinen Stolz. Auch wenn sie nicht sonderlich gefährlich ist, ist die Fledermaus ein niederer und vor allem schmutziger Vogel. Sie hat ledrige Flügel und bewohnt die finstersten, klammsten Spalten, wo all die unappetitlichen Gestalten leben. Die anderen Vögel halten die Fledermaus für ein fieses kleines Geschöpf und halten sich von ihr fern, weil sie von ihren geäderten, federlosen Flügeln extrem verunsichert sind, ebenso wie von den eigenartigen Bewegungen, die sie macht, wenn sie durch den Abendhimmel (und nur durch den) flattert.

Da jeder, der auch nur einen Funken Verstand besitzt, diesem Beispiel folgt und Abstand von der Fledermaus hält, kann niemand mit Gewissheit sagen, wie eine Fledermaus wirklich aussieht. Das ist insofern problematisch, als es äußerst schwer sein dürfte, einer Fledermaus aus dem Weg zu gehen, wenn man nicht weiß, wie man sie als solche erkennt. Aus diesem Grund haben wir die folgende Seite dafür reserviert, dir die neusten und künstlerisch avanciertesten Darstellungen dieser Kreaturen zu zeigen.

Unsere ersten Nachforschungen legen nahe, dass Fledermäuse empfindlich reagieren, wenn man mit einem Ast auf sie einschlägt. Mit dieser Methode könnte man sie also unter Umständen erfolgreich abwehren, vorausgesetzt, unsere Dame der Nacht hält den Ast nicht für einen Blumenstrauß, den man ihr reichen will

Es ist durchaus auch möglich, dass Fledermäuse total niedlich sind und wir uns nur nie die Zeit genommen haben, mal genauer hinzusehen

DER SCHWAN

LATEINISCHER NAME: OLOR

VORKOMMEN: IN TEICHEN UND FLÜSSEN BEIM ELEGANTEN DAHINGLEITEN ANZUTREFFEN

STÄRKEN: MUSIKALISCH VERANLAGT

SCHWÄCHEN: VERLEITET DEINE KONTRAHENTEN ZU DIEBSTAHL, EIFERSUCHT UND UNSICHERHEIT

WERT: 1 ✽ **SCHÖNHEIT**: 2 ✽ **GEFÄHRLICHKEIT**: 2

Der Schwan singt lieblicher als jeder andere Vogel. Sein süßestes Lied soll er anstimmen, wenn er weiß, dass er in Kürze sterben wird.[1] Dank seinem weißen Federkleid und dem geschwungenen Hals ist er außerdem schöner als jeder andere Vogel. Weil der Schwan so ein perfektes und besonderes Federvieh ist, muss er vor Unheil bewahrt werden. Daher erhalten in England nur die Allerreichsten die königliche Erlaubnis, Schwäne zu besitzen und zu verspeisen. Folglich kann man den Wert eines Engländers an der Zahl der Schwäne ablesen, die ihm gehören. (Achtung, liebe Damen: Wenn einer deiner Verehrer mit Federn bedeckt herumstolziert und ein leises Hupen unter seinem Mantel ertönt, ist er mit Sicherheit stinkreich.)

Mit jedem Schwan, den du kaufst, wirst du um rund fünf Schillinge ärmer. Dieser Betrag entspricht in etwa dem Jahreslohn eines Hausbediensteten, doch ein Schwan dürfte dir weitaus mehr Freude machen als ein Koch oder eine Kammerzofe. Außerdem lässt er sich leichter als Weihnachtsbraten zubereiten.

---

1. Auch wenn bekanntlich zahlreiche Schwanarten singen, tun die europäischen es nicht. Sie geben nur Grunz-, Pfeif- und Kläfflaute von sich.

Mein lieber Schwan!, England,
13. Jahrhundert

DER PHÖNIX

LATEINISCHER NAME: PHOENIX

VORKOMMEN: IN DEN HEISSEN, TROCKENEN LANDSTRICHEN ARABIENS

STÄRKEN: EWIGES LEBEN

SCHWÄCHEN: ZEITLEBENS SINGLE

WERT: 1 * **SCHÖNHEIT**: 2 *
GEFÄHRLICHKEIT: 2

Der Phönix ist ein Vogel mit einem prächtigen Federkleid, das seinen Körper in leuchtendem Rot, Gold und Violett umspielt. Er ist ein Einzelgänger, denn es gibt von ihm nur ein einziges Exemplar auf der Welt. Doch das macht dem Phönix nichts, da er Geselligkeit ohnehin als recht belastend empfindet. Er altert nur sehr langsam und errichtet nach etwa 500 Jahren einen Scheiterhaufen in der Krone eines hohen Baumes. Sobald die ersten Sonnenstrahlen auf den Scheiterhaufen fallen, geht dieser in Flammen auf, welche der Phönix mit seinen Schwingen anfacht, bis er und der Scheiterhaufen nur noch Asche sind. Dann steigt aus der Asche des alten ein neuer Phönix, und es vergehen weitere 500 Jahre, bis sich der Vorgang wiederholt.

»Auf dem schönsten Baum, über der erquickendsten Quelle, errichtet er einen Altar gleich einem Nest von Thymian, Myrrhe, Zimt und anderen kostbaren Gewürzen.«

– THOMAS VON CANTIMPRÉ

Hier demonstriert der einzelgängerische Vogel Phönix, dass er lieber in Flammen aufgeht, als sich sozialer Interaktion auszusetzen

»Ich bin zwar noch nicht 500, hab aber gestern Abend auf einer Party etwas echt Peinliches von mir gegeben und bin ziemlich sicher, dass mich jetzt alle für einen Freak halten. Da kann ich auch gleich Schluss machen und mich abfackeln«

DIE BIENE

LATEINISCHER NAME: APIS

VORKOMMEN: IN GROSSEN BIENENSTÖCKEN, DIE GEMEINSAM AUS BIENENWACHS GEBAUT WERDEN

STÄRKEN: GESETZESTREU, GUT ORGANISIERT, EXTREM MILITARISTISCH

SCHWÄCHEN: KANN ZUWEILEN ETWAS DEFENSIV WERDEN

WERT: 5 ✱ **SCHÖNHEIT**: 2 ✱ **GEFÄHRLICHKEIT**: 2

Wie der Mensch, so lebt auch die Biene in einer geordneten Gesellschaft, die sich an ein festes Regelwerk hält. Die Bienengesellschaft wird von ihrem Monarchen, dem Bienenkönig[1], regiert. Sie ist dazu da, ihm zu dienen. Ihm zu Ehren verteidigt sie ihren Stock erbittert, jederzeit bereit, ihr Leben dafür zu lassen. Jede Biene hat ihre Rolle bei der Honigproduktion, und anders als der Durchschnittsmensch erfüllt sie ihre Aufgaben mit Freude. Jedenfalls melden sich die Bienen nicht krank oder sagen Sachen wie »Ich werde wohl mal Urlaub nehmen, um ein bisschen zu reisen«. Diese kleinen Vögel sind wahre Vorbilder für uns alle: Wenn du dich das nächste Mal fragst, ob es im Leben noch mehr gibt, als Kühe zu melken oder den Stall auszumisten, mache es wie die Biene und kümmere dich um deinen Dreck, so wie es sich gehört. Überlasse die wichtigen Fragen den wichtigen Leuten.

Wenn Bienen das Gefühl haben, dass ihr Stock zu voll geworden ist, beschließt eine ausgewählte Gruppe, ihr Zuhause zu verlassen und sich eine neue Bleibe zu suchen. In der Natur mag das gut und schön sein, aber aus Sicht eines Imkers geht das natürlich nicht. Gegen eine solche Abwanderung gibt es einen simplen Zauberspruch, mit dem du deine Bienen beruhigen kannst, wenn sie unruhig werden:

1. Obwohl man heute weiß, dass das Bienenvolk von einer Königin regiert wird, beschreiben die meisten mittelalterlichen Autoren das Staatsoberhaupt der Bienen beharrlich als männlich. So viel zum Thema Frauenpower.

Setzt euch, ihr Siegfrauen,
kommt herunter zum Land.
Niemals fliegt ihr wild zum Wald.

Ihr Bienen bedenkt, zu meinem
Wohle, so wie jeder Mann es
erwartet, dass er sein Fleisch
und sein Erbe erhält.

»O mein Gott, Gilbert, ich glaube, der Mann hat den Bienensegen vergessen«

Jegliche Bedrohungen des Bienenstocks werden mit allen Mitteln eliminiert

DER PELIKAN

LATEINISCHER NAME: PELICANUS

VORKOMMEN: DORT, WO NIEMAND DIE SCHREIE SEINER KINDER HÖRT

STÄRKEN: UNKONVENTIONELLE ERZIEHUNGSMETHODEN

SCHWÄCHEN: ANGESPANNTE INNERFAMILIÄRE BEZIEHUNGEN

WERT: 4 ✻ **SCHÖNHEIT**: 3 ✻ **GEFAHR**: 1

Der Pelikan ist ein großherziger Vogel, der sich hingebungsvoll um seinen Nachwuchs kümmert. Leider machen heranwachsende Jungpelikane eine etwas schwierige Phase durch und attackieren die Mutter schon mal mit ihren Flügeln oder Schnäbeln. Im Zuge eines Wutanfalls hackt die Pelikanmutter ihre Jungen zu Tode. Das stellt die kleinen Monster zwar ruhig, doch bald wird die Mutter angesichts ihrer grausamen Tat von entsetzlichen Gewissensbissen geplagt. Sie lässt die Jungen drei Tage lang tot im Nest liegen (so groß kann ihr Entsetzen wohl *doch* nicht sein) und sticht sich dann mit dem Schnabel selbst in die Brust.[1] Ergießt sich ihr Blut dann über die Leichen ihrer Kinder, erwachen diese wieder zum Leben.

---

1. Neben den langschnabeligen Pelikanen, die in der Natur vorkommen, beschreiben einige Bestiarien eine zweite, fiktive Pelikanart mit kurzem Schnabel, und diese wird denn auch üblicherweise in den Illustrationen dargestellt. Das ist für Bestiarien nicht ungewöhnlich: Eulen und Strauße etwa werden oft als herkömmliche Vögel dargestellt, die eher Falken oder Hühnern ähneln. Bedenkt man das recht tölpelhafte Aussehen des echten Pelikans, der Schwierigkeiten haben dürfte, sich mit seinem großen, stumpfen Schnabel in die eigene Brust zu stechen, so war vielleicht eine gewisse künstlerische Freiheit vonnöten, um den Beschreibungen des Bestiariums von einem wilden, stattlichen Vogel gerecht zu werden.

»Ach Mann, schon wieder Blut zum Abendbrot? Das ist diese Woche schon das dritte Mal!«

Wenn du ein Pelikanbaby bist und deine Mutter dieses Gesicht macht, ist es an der Zeit, in Panik zu geraten

DIE EULE

LATEINISCHER NAME: NOCTUA

VORKOMMEN: DA, WO KEIN LICHT HINGELANGT, DENN DIE EULE FÜRCHTET UND VERABSCHEUT DIE SONNE

STÄRKEN: IHR VERZEHR IST ILLEGAL

SCHWÄCHEN: ES IST SCHWER, SIE GERN ZU HABEN

WERT: 2 ✻ **SCHÖNHEIT**: 1 ✻
GEFÄHRLICHKEIT: 2

Die Eule weiß schon, warum sie sich tagsüber nicht blicken lässt, denn alle anderen Vögel können sie auf den Tod nicht leiden und würden sie sofort angreifen. Oder aber die Eule wird gerade deswegen so geschmäht, *weil* sie nur nachts umherfliegt: Welche ehrliche Haut hätte schon Grund, sich im Schutz von Schatten und Finsternis herumzutreiben?

Tatsächlich ist die Eule so widerwärtig, dass die Bibel eigens präzisiert, welche Gefühle Eulen bei uns auslösen sollten:[1]

»Ihr sollt diese Vögel verabscheuen. Ihr dürft von ihrem Fleisch nicht essen, denn sie sind abscheulich.«
(LEVITIKUS 11: 13–17)

»Leute, ich spüre da eine leichte Feindseligkeit.«

1. Was, offen gesagt, sehr wenig Raum für Interpretationen lässt.

Hofnarr mit seiner Eule, Frankreich, 15. Jahrhundert

Eulen sind gottlose Kreaturen: Diese hier hätte niemals Bischof werden dürfen. Dankenswerterweise nimmt man sich der Causa an

DER CALADRIUS

LATEINISCHER NAME: CALADRIUS

VORKOMMEN: SUCHT DIE SCHLAFZIMMER DER STERBENSKRANKEN HEIM

STÄRKEN: MIT DER GABE DER VORAUSSICHT GESEGNET

SCHWÄCHEN: KEIN ADÄQUATER ERSATZ FÜR PROFESSIONELLE MEDIZINISCHE BETREUUNG

WERT: 5 ✻ **SCHÖNHEIT**: 2 ✻ **GEFÄHRLICHKEIT**: 2

Der Vogel Caladrius ist reinweiß, weiß wie Gebeine. Er besitzt eine ganz besondere Fähigkeit: Ein Blick auf einen Kranken genügt ihm, um zu wissen, ob dieser sterben wird. Ist der Patient dem Tode geweiht, wendet sich der Caladrius von ihm ab. Wird sich der Patient dagegen erholen, wendet sich der Caladrius ihm zu und blickt ihn an. Mit diesem Blick saugt er die Krankheit in sich auf, fliegt mit ihr davon und lässt den Patienten gesund zurück.

Er ist ein äußerst kryptischer Vogel. Die jeweilige Bedeutung seiner diversen Botschaften im Gedächtnis zu behalten kann schwierig sein. Nimm dir also bitte ein wenig Zeit, um dich mit den folgenden Abbildungen vertraut zu machen, damit du verstehst, was der Caladrius dir mitteilen will, solltest du ihm einmal begegnen.

Der Vogel Caladrius wendet sich von dir ab: Du wirst bald sterben

DER CALADRIUS SCHAUT DICH AN:
Du wirst überleben!

EIN CALADRIUS SCHAUT IN DIE EINE, DER ANDERE IN DIE ENTGEGENGESETZTE RICHTUNG:
Lass dich überraschen!

DER CALADRIUS RUNZELT DIE STIRN:
Er weiß, dass du bloß simulierst!

DER CALADRIUS KÜSST DICH:
Dich erwartet eine romantische Liebesaffäre!

WOHLTÄTIGE VÖGEL

(Und andere wundersame Geschöpfe)

Der im Zusammenhang mit Tieren vielleicht berühmteste Wundertäter ist der heilige Franz, der einst einem Schwarm Vögel predigte (die überaus beeindruckt waren) und einen hungrigen Wolf dazu brachte, das Verschlingen der Dorfbewohner und ihrer Schafe zu unterlassen. Doch 500 Jahre vor seiner Zeit lebte ein Heiliger, der einen nicht minder guten Draht zur Natur hatte: Cuthbert von Lindisfarne. Er war nicht nur der Schutzpatron von Northumbria, in Erinnerung geblieben ist er auch dank seiner Güte gegen alle Lebewesen sowie der vielen Tiere wegen, die ihm im Laufe seines Lebens zu Hilfe eilten. Hier ein paar Highlights aus Cuthberts umfangreichem Wunderrepertoire:

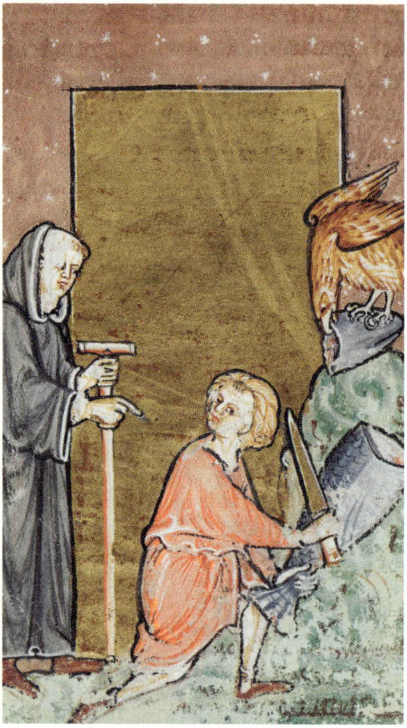

Als Cuthbert und sein Begleiter durch die Hügel streiften, wurden sie sehr hungrig und müde, konnten aber nichts zu essen finden

Cuthbert sagte dem jungen Burschen alle 150 Psalmen auf, was erwartungsgemäß nicht sonderlich viel half, und sie hungerten weiter. Plötzlich flog ein Adler auf die beiden Wanderer zu und ließ einen Lachs vor ihnen fallen. Bevor Cuthbert sich selbst von dem Fisch nahm, wies er seinen Gefährten an, ein Stück für den Adler abzuschneiden, als Dank für dessen Freundlichkeit.

Cuthbert hatte für seine Gäste ein kleines, strohgedecktes Haus gebaut

Eines Tages machten sich mehrere Raben daran, Stroh vom Dach zu stibitzen, um sich Nester zu bauen.

Cuthbert schalt die Vögel und erklärte ihnen, dass sie seinen armen Gästen Schaden zufügten. Da flogen die Raben voller Scham davon. Später kehrte einer der Raben mit einem Stück Schweinespeck für Cuthbert zurück, der die Entschuldigung annahm.[1]

1. Logisch betrachtet dürfte ein Rabe Schwierigkeiten haben, ein Stück Schweinespeck zu ergattern, ohne es zu stehlen, doch Cuthbert wollte da nicht nachhaken.

Auf einer anderen langen Reise ging Cuthbert neuerlich der Proviant aus

Er traf auf eine leere Schäferhütte und beschloss, die Nacht in ihr zu verbringen; sein Pferd beschloss derweil, sich an dem Strohdach gütlich zu tun.[2] Als das Pferd große Mengen Stroh aus dem Dach zog, sah Cuthbert mit Schrecken, wie ein Leintuch herabfiel. Es war um einen warmen Brotlaib und ein Stück Fleisch gewickelt, die Cuthbert sich mit seinem Pferd teilte, bis beide wieder bei Kräften waren.

Wenn er in einem Kloster weilte, verließ Cuthbert abends das Haus und kehrte nicht vor dem nächsten Morgen zurück

Eines Abends folgte ihm heimlich ein neugieriger Mönch. Dieser sah, wie Cuthbert zum Strand ging, ins Wasser hineinwatete, bis es ihm an den Hals reichte, und dort die ganze Nacht Gebete sang. Als Cuthbert ans Ufer zurückkehrte, folgten ihm zwei Otter. Sie trockneten Cuthbert die Füße mit ihrem Fell und wärmten sie mit ihrem Atem, bevor sie wieder ins Meer zurückflitzten.[3]

---

2. Offenbar ist es okay, wenn es sich um das Dach *fremder* Leute handelt.
3. Mehrere Leute, denen dies zu Ohren kam, fragten, ob die Otter denn nicht selber nass waren, als sie dem Meer entstiegen, und wie sie dann bitte schön jemand anderen abtrocknen konnten. Die Antwort ist einfach: Es ist ein Wunder. Denke nicht zu viel darüber nach.

Auch Pflanzen können seltsame kleine Kerlchen sein!

Italien, 15. Jahrhundert

Ein kleiner Imbiss, Niederlande, ca. 15. Jahrhundert

FISCHE

KREATUREN, DIE IM MEER SCHWIMMEN

Fische nennt man alle Tiere, die im Meer herumschwimmen. Es gibt zahlreiche Arten von Fischen: Manche meinen, nicht weniger als 144, doch das klingt wohl schwerlich glaubhaft. In mancher Hinsicht wäre es bestimmt ganz nett, ein Fisch zu sein: Sie tun sehr wenig und sind kaum zu höheren Gedankenleistungen fähig. Allerdings sind die meisten Fische essbar, und wir können uns daher äußerst glücklich schätzen, denn ansonsten wären sie für so gut wie nichts anderes zu gebrauchen. Sie bevölkern die Meere in mannigfacher Zahl und protestieren kaum, wenn wir sie zum Abendessen an Land ziehen, was unter den aquatischen Lebensformen als echtes Zeichen von Nächstenliebe gelten darf.

Einige Fische dagegen kann man nicht essen. Entweder schmecken sie komisch, oder sie lassen sich nur unter größten Mühen fangen und erlegen, und genau das sind im Grunde diejenigen, vor denen du auf der Hut sein musst. Diese Fische machen nur Schwierigkeiten.

Bedenke also beim nächsten Mal, wenn du einen Fisch aus den Tiefen des Meeres heraufziehst, dass er ebenso gut *dich* zu sich *herabziehen könnte*. So wie der Teufel darauf wartet, dich in einem schwachen Moment in Versuchung zu führen, kannst du nie wissen, welche Monster dicht unter der Oberfläche lauern und nur darauf warten zuzuschlagen.

DER FISCH

LATEINISCHER NAME: PISCIS

VORKOMMEN: DU SOLLTEST INZWISCHEN MITGEKRIEGT HABEN, WO FISCHE LEBEN

STÄRKEN: IHR REICHLICHES VORKOMMEN IM MEER

SCHWÄCHEN: WOMÖGLICH ZU LECKER?

WERT: 3 ✻ **SCHÖNHEIT**: 3 ✻
GEFAHR: 2

Der Fisch ist ein Geschöpf, das in immenser Zahl in den Tiefen der Meere herumschwimmt. Fische sind als erstklassige Eltern bekannt: Nachdem die Mutter ihre Eier in ein Unterwassernest gelegt hat, macht sie sich unverzüglich auf Nimmerwiedersehen davon. Das mag hart klingen, stellt aber mit Blick auf die Art und Weise, wie die meisten Menschen ihren Elternjob machen, eine deutliche Verbesserung dar.

Freitags dürfen Christen kein Fleisch essen, Meeresfrüchte hingegen schon. Glück für die Iren: Man munkelt, dass in ihrem Land eine Gänseart namens Nonnengans lebt, die nicht aus Eiern, sondern aus Seepocken und Tang schlüpft. Dies klassifiziert sie als Fischart und damit als Freiwild fürs freitägliche Abendessen.[1]

1. Im Jahr 1215 ächtete Papst Innozenz III. die Gepflogenheit, Nonnengänse an Fastentagen zu verspeisen. Er räumte zwar ein, dass es stimme, dass Nonnengänse aus Seepocken schlüpfen, fand aber dennoch, dass sie eher in die Kategorie Vögel als in die Kategorie Fische fielen.

»Ja, das passt schon, die sind ja eh alle im Meer, und niemand kriegt sie wirklich zu Gesicht. Morgen mache ich dann nur noch die Bären und so, und dann läute ich das Wochenende ein«

DER WAL

LATEINISCHER NAME: CETUS

VORKOMMEN: DURCHSTREIFT DIE WELTMEERE AUF DER SUCHE NACH KLEINEREN GESCHÖPFEN, DIE ER VERSCHLUCKEN KANN

STÄRKEN: MEISTER DER TARNUNG, GUT DARIN, SACHEN IN DIE TIEFE ZU REISSEN

SCHWÄCHEN: LÄSST SICH NICHT GERNE ANZÜNDEN

WERT: 2 ✻ **SCHÖNHEIT**: 1 ✻
GEFÄHRLICHKEIT: 4

Der Wal ist ein Seeungeheuer und ein äußerst gefährlicher Fisch. Es heißt, der Wal sei so groß und sein Rücken dermaßen von Tang und Seepocken bedeckt, dass Seeleute ihn für eine Insel halten und Kurs auf ihn nehmen, um den Anker auszuwerfen. Wegen seiner enormen Größe und extrem dicken Haut bemerkt der Wal die Seemänner erst, wenn sie auf ihm ein Feuerchen machen, um sich was zu kochen. Wenn er dann schließlich die Hitze der Flammen spürt, taucht der Wal in die Tiefen des Ozeans hinab, um sich abzukühlen. Im Zuge dessen werden die Seefahrer mitsamt ihrem Schiff hinabgerissen, und alle Mann ertrinken.

»Hey, Gott, also, ich bin bereit, es noch mal mit dem Propheten-Job zu probieren. Aus keinem speziellen Grund natürlich«

Wenn du also das nächste Mal segeln gehst und eine günstig gelegene Insel mitten im Meer erblickst, schaue ruhig noch mal ganz genau hin.

In der biblischen Geschichte von Jona werden die Gefahren einer zu großen Nähe zu Walen geschildert. Jona war ein Prophet, der Lust auf einen Jobwechsel hatte und daher versuchte, vor Gott wegzulaufen, indem er ein Boot bestieg und davonsegelte. Gott, der solche Sachen in der Regel ziemlich schnell mitbekommt, beschwor einen schweren Sturm herauf, um das Boot aufzuhalten. Jona, der lieber sterben als zu seinem alten Job zurückkehren wollte, ließ sich von den Seemännern über Bord werfen, wo er auf der Stelle von einem riesigen Wal verschluckt wurde.

Gott ließ Jona drei Tage und drei Nächte im Bauch des Wales zubringen. Als er endlich der Meinung war, dass Jona seinen Fehltritt ausreichend bereute, befahl er dem Wal, ihn wieder auszuspucken. Aus der Geschichte lässt sich eine wichtige Lehre ziehen: Hintergehe Gott den Herrn nicht, weil der jederzeit einen Wal auf dich ansetzen kann. Im Ernst: Du wärst überrascht, wo überall Gott Wale verstecken kann. Kein Witz.

»Also einer von uns beiden wird ihn wohl loslassen müssen«

DER AAL

LATEINISCHER NAME: ANGUILLA

VORKOMMEN: AALT SICH AM LIEBSTEN IM UFERBEREICH VON FLÜSSEN

STÄRKEN: EINE VERNÜNFTIGE INVESTITION, SCHWERER ZU STEHLEN ALS GOLD

SCHWÄCHEN: GLEITET EINEM GERNE MAL DURCH DIE FINGER, WENN MAN NICHT SCHNELL GENUG IST

WERT: 3 ✱ **SCHÖNHEIT**: 2 ✱ **GEFÄHRLICHKEIT**: 2

Der Aal ist ein langer und schlanker Fisch, der sich durchs flache Wasser schlängelt. Einige Leute meinen, Aale werden direkt aus dem Flussschlamm geboren, keine Eltern, nichts dergleichen, bloß Schlamm. Vielleicht sind sie deshalb so glitschig. Mit dem Aal ist es wie mit der Liebe: Je fester man ihn greifen will, umso schneller entwischt er.

Aale sind extrem häufig vorkommende Fische und für alles Mögliche zu gebrauchen. Sie ergeben nicht nur ein wunderbares Abendessen,[1] sondern dienen vielen einfachen Arbeitskräften in England als ausschließliches Zahlungsmittel für Miete und andere Ausgaben.[2] Es mag zu schön klingen, um wahr zu sein, aber es dürfte dich überraschen, wie weit man heutzutage mit ein paar Tausend Scheffeln Aale kommt.

---

1. Aus dem mittelalterlichen Frankreich ist ein Rezept für ein Gericht überliefert, das »Aal verkehrt herum« heißt.
2. Bis heute ist das wahre Ausmaß der mittelalterlichen Aal-Wirtschaft unbekannt. Man hat jedoch nachgewiesen, dass in Spitzenjahren über eine halbe Million Aale als Mietzahlung ihren Besitzer gewechselt haben.

Was gut genug für einen Reiher ist, ist auch gut genug für mich

Beachte die beiden Aalreusen rechts: Dieses Haus amortisiert sich quasi selbst. Aalkraft gleich Zahlkraft

DIE MEERJUNGFRAU

LATEINISCHER NAME: SERRA

VORKOMMEN: HOFFENTLICH NICHT IN DEINER NÄHE, SEEMANN

STÄRKEN: SEHR EXTROVERTIERT, HÄLT LIEBEND GERNE EIN SCHWÄTZCHEN

SCHWÄCHEN: WEGBESCHREIBUNGEN SIND NICHT IHRE STÄRKE; HAT MÜHE, DIE WAHRHEIT ZU SAGEN

WERT: 2 ✱ **SCHÖNHEIT:** 5 ✱ **GEFÄHRLICHKEIT:** 4

Die Meerjungfrau ist von der Taille aufwärts eine erstaunlich schöne Frau, ihre untere Hälfte jedoch ist die eines Fisches. Zwar kann sie Luft atmen wie ein Mensch, doch ihr wahres Zuhause ist unterhalb der Meeresoberfläche. Diese Fisch-Frauen sind böse und eitel, vor allem aber sind sie männerfeindlich (und vielleicht sogar überhaupt menschenfeindlich). Sie setzen ihre Schönheit und Hinterlist ein, um Seefahrer an den Rand ihrer Schiffe zu locken, von wo sie die armen Kerle unter Wasser und somit ins Verderben zerren.

Meerjungfrauen sind immer ein schlechtes Omen, da sie vor Schiffen auftauchen, die dem Untergang geweiht sind. Sie sagen den Seeleuten, dass der nächste Hafen ganz nah ist, während in Wirklichkeit keiner der Männer an Bord je das Land wiedersehen wird. Es ist nicht bekannt, ob Meerjungfrauen die Ursache von Unglücken sind oder nur deren Vorzeichen. Für diejenigen, die ihnen begegnen, macht das allerdings keinen Unterschied. Sollte dir mal eine Jungfrau begegnen, besteht die beste Vorgehensweise darin, ihrer Eitelkeit zu schmeicheln. Du kannst ihr beispielsweise sagen, dass sie schöne Augen hat und ihre Schuppen heute ganz besonders hinreißend aussehen. Das wird die Meerjungfrau zwar nicht dazu bewegen, dir den Ertrinkungstod zu ersparen, aber wenn du wirklich überzeugend klingst, beschleunigt sie die Sache vielleicht ein wenig.

Weibliche Meerjungfrauen nutzen ihre erstaunliche Schönheit, um Seeleute zu verführen; die weniger attraktiven männlichen Exemplare müssen dagegen auf ihre logischen und rhetorischen Fähigkeiten bauen

Meerjungfrau, mal andersrum,
Deutschland, 13. Jahrhundert

NICHT GANZ MENSCHLICHE WESEN

Hybride Wesen kommen in der mittelalterlichen Kunst überall vor, am häufigsten zieren sie Seitenränder von Handschriften, sind also quasi Randgruppen. Einerseits sollten diese Figuren – oft ein Mischmasch aus menschlichen, tierischen und monströsen Teilen – zur Unterhaltung der Leser dienen, andererseits spiegeln sie eine kuriose Facette der mittelalterlichen Gedankenwelt wider.
In einer Welt, die als Produkt eines absichtsvollen Gestaltungswillens aufgefasst wurde, sind Wesen, die nicht den Standardvorstellungen von äußerlicher Schönheit und Normalität entsprechen, offenbar nicht ohne Grund so, wie sie sind. Und was für ein Grund könnte das schon sein außer eine innere moralische Abweichung? Eine geistige Hässlichkeit?

Diese Wesen waren Entstellungen der normalen menschlichen Natur, nicht von Verstand und Moral geleitet, sondern von Lust, Gewalt und anderen Sünden. Ihre angeblich entstellten Leiber, die gegen den göttlichen Bauplan verstießen, bildeten die Verkörperung all dieser Defekte. Im Kontext einer mittelalterlichen Handschrift standen sie in krassem Kontrast zu den Gebeten, Lehren und reich illustrierten biblischen Szenen, die den eigentlichen Inhalt der Seiten ausmachten.

Trotz ihrer von wenig Mitgefühl zeugenden Entstehungsgeschichte sind die von den mittelalterlichen Illustratoren ausgeheckten Kreaturen oft witzig, ja sogar liebenswert. Betrachtet man die verschiedenen Hybridwesen auf diesen Seiten – nicht ganz Mensch, nicht ganz Tier –, kann man sich leicht ausmalen, dass ihre Schöpfer dasselbe dachten.

Kleines Tänzchen, Flandern, 13. Jahrhundert

Pein, Frankreich, 14. Jahrhundert

Wurm, sich betrinkend, Frankreich, ca. 1405

Doktor Hund behandelt Patientin Katze, 15. Jahrhundert

Nützliches Wesen, Flandern, 13. Jahrhundert

Bewaffnet und gefährlich, England, 15. Jahrhundert

Männliche Meerjungfrau, Frankreich, 15. Jahrhundert

DAS KROKODIL

LATEINISCHER NAME: CROCODILLUS

VORKOMMEN: LAUERT IM SCHLAMMIGEN WASSER DES NILS

STÄRKEN: WIE FÜRS TÖTEN GESCHAFFEN UND ENTSPRECHEND MORDLUSTIG

SCHWÄCHEN: SCHULDKOMPLEX, ÜBERAUS SELBSTKRITISCH

WERT: 2 ✻ **SCHÖNHEIT**: 1 ✻ **GEFÄHRLICHKEIT**: 4

Das Krokodil ist ein furchterregendes Tier mit panzerartiger Haut und Säbelzähnen. Es lauert seiner arglosen Beute dicht unter der Wasseroberfläche auf, und seine Lieblingsbeute sind definitiv Menschen. Schon lange ist bekannt, dass das Krokodil beim Verschlingen seiner Beute weint, dabei aber unablässig weiterfrisst und die Tränen eines Sünders vergießt, der weiß, dass er niemals frei von Sünde sein wird.[1] Viele Menschen sind genauso und können ihre Untaten einfach nicht lassen. Der Fairness halber muss man allerdings zugeben, dass es nicht leicht ist, von einer leckeren Mahlzeit abzulassen, auf die man sich eben erst gestürzt hat.

Das einzige Tier, das in der Lage ist, ein Krokodil zu töten, ist eine kleine Schlange namens Hydrus. Wenn der Hydrus ein schlafendes Krokodil sieht, schlüpft er in sein Maul hinein, frisst sich bis zum Bauch durch und aus diesem heraus wieder ins Freie. Dabei stirbt das Krokodil.

Die zwei Hauptlektionen lauten hier:

1. Sündige nicht.
2. Schlafe immer mit geschlossenem Mund.

1. Wie viele Reptilien besitzen auch Krokodile tatsächlich Tränendrüsen. Allerdings weinen sie weniger aus Schuldgefühl, als um ihre Augen vor dem Austrocknen zu bewahren, wenn sie sich über der Wasseroberfläche befinden – wahrscheinlich besitzt ein Krokodilhirn nicht die Fähigkeit, Schuld zu empfinden. Dagegen hat man festgestellt, dass Krokodile Angst verspüren können.

»Wollte nur mal kurz bei dir reinschauen!«

DIE SCHNECKE

LATEINISCHER NAME: COCHLEA

VORKOMMEN: SCHNECKEN LIEBEN ES NASS. SIE LEBEN AM MEERESBODEN ODER KOMMEN AUS DER ERDE GEKROCHEN, WENN ES REGNET

STÄRKEN: HAT KEINE MIETKOSTEN

SCHWÄCHEN: KOMMT NOTORISCH ZU SPÄT, KANN EINFACH NICHT SCHRITT HALTEN

WERT: 3 ✻ **SCHÖNHEIT:** 2 ✻
GEFÄHRLICHKEIT: 1

Die Schnecke ist ein sehr kleines, schleimiges Tier, das sich extrem langsam fortbewegt, was ihr gestattet, sich äußerst effizient über Blätter und Früchte herzumachen. Dass sie so langsam dahinkriecht, stört sie nicht weiter, weil sie, was Sozialkontakte anbelangt, in der Regel ohnehin nicht viel vorhat. Die Schnecke trägt, wohin sie auch geht, ihr Haus auf dem Rücken, was sehr praktisch ist, denn ein versehentlicher Fußtritt eines Spaziergängers kann ihren abendlichen Heimweg um zwei Wochen verlängern.

Bestimmte Schneckenarten scheiden eine Substanz aus, die sich wunderbar als Färbemittel für sämtliche Rot- und Lilatöne eignet. Solcherart eingefärbte Kleidungsstücke sind allerdings extrem teuer, da Schnecken sehr klein sind und man eine ganze Menge von ihnen braucht, um ein Paar Strümpfe zu färben, von Kleidern oder Umhängen ganz zu schweigen. Wenn du also jemanden siehst, der diese unerkennbar schneckigen Farbnuancen am Leib trägt, handelt es sich garantiert um eine eminent wichtige und betuchte Person.

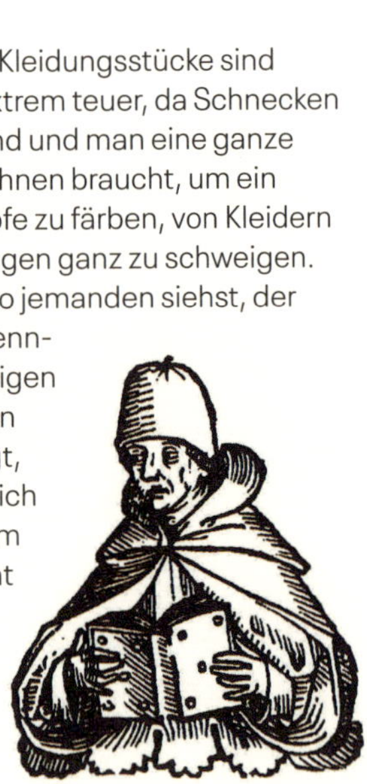

Ein weniger bekannter Fakt über Schnecken: Sie sehnen sich nach der Freiheit des Himmels und lieben es, den Wind auf ihrem Haus zu spüren, wenn sie durch die Lüfte segeln

Schnecken haben Gehäuse, die sie vor Fressfeinden schützen, und groß gewachsene Liebhaber, die sie vor anderweitigen Übergriffen schützen

RITTER GEGEN SCHNECKEN

Nicht nur Kaninchen sehen sich in mittelalterlichen Handschriften allem möglichen Unheil ausgesetzt. Auch Schnecken tauchen häufig in ungewöhnlichen Gewaltszenarien auf und legen sich schon mal mit Rittern oder Soldaten an. Was diese Schnecken und ihre Zweikämpfe bedeuten sollen, stellt Historiker bis auf den heutigen Tag vor ein Rätsel.

Handelt es sich um die Darstellung von Klassenkämpfen? Von Franzosenhass? Von Schwierigkeiten mit Gartenschädlingen? Fanden die Leute Schnecken einfach nur lustig? Wir werden vielleicht nie erfahren, was mittelalterliche Illustratoren vor so vielen Jahrhunderten dazu bewegte, Schneckenkämpfe zu zeichnen, aber wir können uns allemal erfreuen an den albernen Motiven, die sie hinterließen.

Nicht vergessen: Schnecken haben eine eingebaute Rüstung, daher sollte man niemals nackt gegen sie antreten. Sonst gewinnt die Schnecke die Oberhand

So sieht ein anständiges Outfit für einen Schneckenkampf aus

Angriff auf eine Schnecke,
Frankreich,
15. Jahrhundert

Dieser Ritter kann es mit der Killerschnecke nicht aufnehmen. Er hat sich schleunigst ergeben und fleht seine Bezwingerin um Gnade an. Irgendwann scheint die Schnecke überdies die Fähigkeit zur Levitation erworben zu haben

»So viele Escargots können wir an einem Abend wahrscheinlich gar nicht verspeisen, aber den Versuch ist's allemal wert, oder?«

KRIECHTIERE

KREATUREN, DIE AM BODEN KRABBELN

Zu den Kriechtieren zählen alle Tiere, die mit Schuppen und Schleim bedeckt sind. Sie schleppen sich auf dem Bauch kriechend durch den Schmutz. Manche sagen, das sei die Strafe dafür, dass sie Eva einst mit der verbotenen Frucht in Versuchung geführt haben. An Kriechtieren lässt sich wenig Liebenswertes finden: Die meisten sind widerliche Kreaturen, von äußerst geringem Nutzen für uns, dafür aber mangelt es nicht an Gefahr. Die meisten haben kaltes Blut und Fangzähne, aus denen ein starkes Gift tropft, das einzusetzen diese Kreaturen nicht zögern. Versuche niemals, mit einem Kriechtier Freundschaft zu schließen: Sie sind schlecht, weil Gott sie so gemacht hat, und daran lässt sich nicht viel ändern.

Allerdings können wir aus ihren Scheußlichkeiten etwas lernen.

Wir können beten, niemals wie sie zu werden, denn sie sind ein lebendes Beispiel dafür, dass es auf dieser Erde wahrhaftigen Horror gibt. Wir können versuchen, ihre Bosheit zu verstehen, um ihr erfolgreicher aus dem Weg zu gehen, und wir können ferner hoffen, dass wir uns nicht eines Tages im Schmutz kriechend an ihrer Seite wiederfinden.

DER DRACHE

LATEINISCHER NAME: DRACO[1]

VORKOMMEN: IN DEN ENTFERNTESTEN WINKELN DER ERDE, TIEF IN HÖHLEN IM INNEREN VON HÜGELN UND BERGHÄNGEN

STÄRKEN: FREUNDSCHAFTLICHE BEZIEHUNGEN ZUR UNTERWELT

SCHWÄCHEN: VON ALLEM VERLASSEN, WAS GUT UND HEILIG IST

WERT: 1 ✱ **SCHÖNHEIT**: 2 ✱
GEFÄHRLICHKEIT: 5

Der Drache ist das gewaltigste aller Kriechtiere, so wie der Teufel das größte aller Übel ist. Er ist ein riesiges geflügeltes Ungeheuer, das mit Schuppen bedeckt ist und seine Opfer mit Feuer bespuckt. So wie der Teufel einst ein Engel war, mag auch der Drache zunächst wie eine Kreatur des Himmels anmuten, wenn er auf seinen riesigen Reptilienschwingen durch die Lüfte fliegt. Aber täusche dich nicht: Auch wenn er fliegen kann, gehört er, wie der Teufel, dem irdischen Schattenreich an und wird tun, was er kann, um unschuldige Seelen mit sich in den Höllenschlund zu reißen.

1. Die Wikinger hatten viele Spitznamen für den Drachen. Darunter: Schatzwächter, Brandstifter des Zwielichts, verhasster Luftgänger, Volksquäler und Giftfeind.

»Echt jetzt? Mit dem Drachen?«

»Macht es dir was aus?«

DIE SCHLANGE

LATEINISCHER NAME: SERPENS

VORKOMMEN: SCHLANGEN SIND LEIDER ÜBERALL ANZUTREFFEN

STÄRKEN: WEIBLICHE GERISSENHEIT, AUSGEZEICHNETE ÜBERZEUGUNGSKUNST

SCHWÄCHEN: SO GANZ OHNE ARME IST SCHON RECHT PEINLICH

WERT: 1 ✻ **SCHÖNHEIT**: 2 ✻ **GEFÄHRLICHKEIT**: 3

Die Schlange ist ein gemeines, schleimiges Kriechtier, dessen Giftbiss einen qualvollen Tod verursacht. Sie lebt in unmittelbarer Bodennähe – das heißt: in Höllennähe –, denn sie hat weder Arme noch Beine, sondern gleitet auf ihrem Bauch durch den Schmutz.

Viele Dichter und Gelehrte haben uns gewarnt, dass Frauen genau wie Schlangen sind. Auch wenn Frauen Beine haben und nicht auf dem Bauch herumrutschen (soweit wir wissen), neigen sie bekanntlich von Natur aus zu Sünde und Betrug. Hat nicht Eva die erste aller Sünden begangen? Gäbe es keine Frauen, dann würden wir noch immer nackt im Garten Eden abhängen, uns mit den Tieren befreunden und von morgens bis abends nur Feigen essen. Wenn dir deine Frau das nächste Mal frech kommt, erinnere sie also unbedingt daran, wessen Geschlecht es war, das das alles ruiniert hat.

Wenn Frauen keine Schlangen sind, wieso sehen sie ihnen dann so ähnlich?

Nützlicher Rat: Bevor du einen Schluck aus deinem Kelch nimmst, vergewissere dich, dass Wein darin ist und keine Schlange. Du willst mit Sicherheit keine Schlange trinken

DER SALAMANDER

LATEINISCHER NAME: SALAMANDRA

VORKOMMEN: WO EIN FEUER BRENNT, IST AUCH EIN SALAMANDER MEIST NICHT WEIT

STÄRKEN: HEISSER BODY

SCHWÄCHEN: HAUSHOHE HEIZKOSTEN

WERT: 3 ✱ **SCHÖNHEIT**: 2 ✱ **GEFÄHRLICHKEIT**: 2

Der Salamander ist vielleicht das tödlichste aller Kriechtiere, nicht nur wegen der Stärke seines Giftes, sondern weil er auf einen Schlag eine große Anzahl von Opfern töten kann, da alles, was er berührt, mit dem mörderischen Toxin infiziert wird. Wenn sich ein Salamander durch die Äste eines Obstbaums windet, fällt jeder, der von den Früchten isst, auf der Stelle tot um.

Salamander besitzen zudem die erstaunliche Eigenschaft, immun gegen Feuer zu sein. Im Gegenteil: Sie suchen die Flammen regelrecht und setzen sich mit Vorliebe mitten hinein. Der Körper eines Salamanders ist so kalt, dass er Brände löschen kann. Wenn das Feuer eines Schmiedes nicht angehen will und dieser dann in der Esse nach der Ursache schaut, ist der Schuldige nicht selten ein verirrter kleiner Salamander.

Manche sagen, der Salamander stehe für die tugendhafte Seele, weil er großes Ungemach erdulden kann, ohne Schaden zu nehmen – wie die drei biblischen Jungs, die ein Engel aus dem Feuerofen rettete. Andere meinen, der Salamander stehe für den Sünder, weil er ewig brennen kann, ohne zu *ver*brennen – wie eine Seele in der Hölle. Schwer zu sagen, was nun stimmt. Beide Überlegungen haben was für sich.

Unerhörter Missbrauch der Regel: »Ich hab's angeleckt, also ist es meins.«

König Nebukadnezar (links) versucht, jegliche Verantwortung von sich zu weisen, nachdem er befohlen hatte, die drei Jungs in den Feuerofen werfen zu lassen. Daniel (Mitte) signalisiert uns, wer wirklich der Schuldige ist

Dieser Salamander mag nicht unbedingt wie ein Kriechtier aussehen, aber »Kriechtier« kann eben genauso gut einen Bewusstseinszustand bezeichnen

DER BASILISK

LATEINISCHER NAME: REGULUS

VORKOMMEN: IN DUNKLEN HÖHLEN ODER WIDERLICHEN UNTERIRDISCHEN GÄNGEN, DIE VON SEINEM GIFT SO VERSEUCHT SIND, DASS SICH IHNEN KEIN ANDERES LEBEWESEN AUCH NUR NÄHERT

STÄRKEN: BIKULTURELLE KINDERSTUBE, HOCH ANGESEHENER GEMEINDEVORSTEHER

SCHWÄCHEN: WIESEL, FRETTCHEN, NERZE, HERMELINE

WERT: 1 ✻ **SCHÖNHEIT**: 1 ✻
GEFÄHRLICHKEIT: 5

Der Basilisk ist ein furchterregendes Wesen mit dem Kopf und Körper eines Hahnes und dem Schwanz eines Kriechtiers. Man sagt, er sei der gottlose Spross eines Huhnes und einer Schlange, und auch wenn er selbst kaum je größer als ein Huhn ist, atmet er ein derart starkes Gift aus, das jedes Lebewesen in der Umgebung auf der Stelle stirbt.

Der lateinische Name des Basilisken, *Regulus*, bedeutet »König«. Dies ist der Tatsache geschuldet, dass alle übrigen Kriechtiere den Basilisken als ihren Herrscher ansehen und nicht wagen, ihn anzugreifen. Aber nicht, weil sie etwa Angst vor ihm hätten oder so was. Basilisken sind einfach sehr charismatisch und einnehmend.

Bekanntlich ist das einzige Tier, das einen Basilisken töten kann, das Wiesel. Hat sich also ein Basilisk auf deinem Grundstück niedergelassen, brauchst du nur ein Wiesel aufzuspüren, es in einen Sack zu stecken, diesen zum Bau des Basilisken zu tragen und ihn hineinzuwerfen. Den Rest übernimmt das Wiesel.

Statt eines Basilisken bewohnt dein Grundstück dann ein kleiner, fieser Fleischfresser, der es wahrscheinlich nicht so toll fand, gekidnappt und einem giftigen Höhlenbewohner, halb Huhn, halb Schlange, vor die Füße geworfen zu werden. Nun musst du nur noch dieses Problem lösen, dann bist du aus dem Schneider. Viel Glück!

»Ich hoffe, er hat die Augen seines Papas und die Fähigkeit seiner Mama, einen ausgewachsenen Mann mit einem einzigen Biss zu töten«

»Weißt du, ich bin darüber auch nicht gerade erfreut«

DER FROSCH

LATEINISCHER NAME: RANA

VORKOMMEN: IN LAUB, SCHLAMM UND SCHMUTZ, WO ER OPTISCH NICHT AUFFÄLLT

STÄRKEN: MANGELWARE

SCHWÄCHEN: NICHT GANZ SO EKLIG, WIE ER SEIN KÖNNTE

WERT: 1 ✻ **SCHÖNHEIT**: 1 ✻
GEFÄHRLICHKEIT: 5

Der Frosch ist ein überaus widerliches, hässliches kleines Ding. Über die Lebensweise von Fröschen ist nicht viel bekannt, weil sich wahrscheinlich ohnehin kaum jemand dafür interessiert. Manche sagen, dass Frösche ausschließlich Dreck fressen, ja manche meinen sogar, dass Frösche spontan aus dem Dreck geboren werden. In jedem Fall sind sie Ausgeburten des Dreckes.

Ein Frosch ist ein schlechtes Omen, denn er steht für Giftigkeit und falsche Rede. Frösche waren eine der Plagen, die dem Pharao im Buch Exodus gesandt wurden. Es heißt, sie entspringen dem Maul des Drachen, jenes Ungeheuers und falschen Propheten, der in der Offenbarung die Apokalypse einläutet. Keine gute Erfolgsbilanz.

»Was für ein garstiges Vieh!«

»Schaut mal, ich bin eine falsche Prophezeiung!«

**Übergeschnappter Frosch,
Frankreich, 13. Jahrhundert**

DIE AMPHISBAENA

LATEINISCHER NAME: AMPHISBAENA

VORKOMMEN: TRITT STETS ZUSAMMEN MIT IHRER ZWEITEN HÄLFTE AUF

STÄRKEN: FÜHLT SICH NIE EINSAM

SCHWÄCHEN: EIN BISSCHEN ZU ANHÄNGLICH

WERT: 2 ✻ **SCHÖNHEIT**: 2 ✻
GEFÄHRLICHKEIT: 3

Die Amphisbaena ist eine zweiköpfige Schlange. Die Köpfe befinden sich an den entgegengesetzten Enden ihres Körpers und sind einer so giftig wie der andere. Das seltsame Geschöpf kann sich in jede beliebige Richtung fortbewegen und folglich auch ohne Vorwarnung nach jeder Richtung hin angreifen.

Es heißt, die Amphisbaena besitze alle möglichen magischen Eigenschaften. Zum Beispiel munkelt man, dass der Verzehr ihres Fleisches dazu führt, dass man für das andere Geschlecht unwiderstehlich wird und dass jede Person, die eine Amphisbaena bei Mondlicht erlegt, Spezialkräfte erlangt, solange sie reinen Herzens und Gedankens ist.[1] Laut einer anderen Quelle brauchen schwangere Frauen lediglich eine lebendige Amphisbaena um den Hals zu tragen, um sicherzustellen, dass ihr Kind ohne Komplikationen heranreift und zur Welt kommt.[2]

1. Jedoch auch wieder nicht so rein, dass sie ein Problem damit hätte, zu ihrem persönlichen Vorteil eine unschuldige Schlange abzuschlachten.
2. Wie die Amphisbaena darauf reagiert, ist freilich ungewiss.

Wenn zwei trächtige Amphisbaenae einander mit den Hälsen umschlingen, sind ihnen beiden etliche gesunde kleine Schlangenbabys sicher

»Ignoriere ihn einfach – er ist bloß neidisch, weil er am falschen Ende der Schlange geboren wurde«

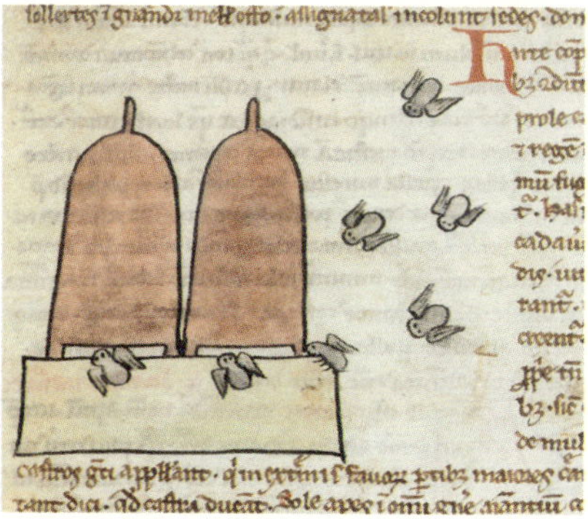

Normale Fledermäuse, England, 13. Jahrhundert

Süße kleine Erdnüsschen im Anflug auf ihren gut ausgestatteten Stock. Letztlich sind Bienen nichts anderes. Frankreich, 13. Jahrhundert

Eber mit Hose, Frankreich, 14. Jahrhundert

Die vielleicht niedlichste Fledermausdarstellung aller Zeiten, England, 13. Jahrhundert

Fischmensch, Persien, 16. Jahrhundert

Katzenfisch, Persien, 16. Jahrhundert

AM ENDE

So wie die Welt erschaffen wurde, glauben manche, wird sie schließlich auch einmal enden.

Am Ende wird alles zerstört werden. Zumindest darüber sind sich die meisten von uns einig. *Wie* die Welt hingegen enden wird, darüber gibt es verschiedene Hypothesen. Ein Mann jedoch, ein Prophet, sagte vor langer Zeit einmal, dass er alles darüber direkt von der Quelle erfahren habe. Gott selbst schickte dem Propheten Visionen vom Ende, und dieser schrieb sie alle in einem Buch nieder. So entstand die Geschichte von der bevorstehenden Apokalypse. Möchtest du erfahren, was geschehen wird?

Na gut, also für den Anfang wird erst mal Feuer vom Himmel regnen. Du wirst vier Reiter erblicken, herbeigerufen, um Tod und Zerstörung über die gesamte Erde auszusäen:

Der erste

wird auf einem weißen Pferd geritten kommen, einen Bogen tragen und die Eroberung bringen.

Der zweite

wird auf einem roten Pferd geritten kommen, ein Schwert tragen und den Krieg bringen.

Der dritte

wird auf einem schwarzen Pferd geritten kommen, eine Waage tragen und den Hunger bringen.

Der letzte Reiter

wird auf einem fahlen Pferd direkt aus dem Höllenschlund geritten kommen. Ihm wird die gesamte Unterwelt folgen, denn dieser Reiter trägt den Namen Tod.

Aus der Erde und dem Meer wird sich ein siebenköpfiger Drache erheben, ein siebenköpfiges Ungeheuer und andere unappetitliche Wesen werden umhergehen und lästerliche Reden, falsche Prophezeiungen und Frösche aus ihren Lügenmäulern spucken. Wer den falschen Prophezeiungen Glauben schenkt und diesen Kreaturen den Treueschwur leistet, wird das Zeichen des Ungeheuers auf der Stirn tragen.

Es passiert noch eine ganze Menge mehr, das meiste davon läuft auf Folgendes hinaus: Chaos, Tod und Zerstörung für die Menschen auf der Erde.

Natürlich wird Gott nicht seine *gesamte* Schöpfung vernichten. Das wäre übertrieben. Ein paar werden gerettet, aber nur, wenn sie Gott treu bleiben – so jedenfalls geht die Geschichte. Denn die himmlischen Heerscharen werden auf die Erde herabsteigen und die Mächte des Bösen bekämpfen.

Wenn du bis zum Ende dabeibleibst, dürfte das Ganze allmählich wieder freundlicher aussehen. Höre nicht auf falsche Propheten und Scheusale, okay? Folge nicht den Sündern. Von denen kommt keiner aus dieser Geschichte raus. Die werden geradewegs wieder dahin zurückgeschickt, wo sie hergekommen sind.

Und danach?
Wenn die Erde in Schutt und Asche liegt und nur noch die guten Menschen übrig sind? Dann kommt das Beste: Dann kehrt Gott selbst auf die Erde zurück, und diesmal wird er auch bleiben. Er wird alles wieder in Ordnung bringen, wir werden alle geheilt werden, und die Welt wird wieder zum Paradies werden, genau so, wie es war, bevor alles schiefging.

Da kommt man schon ins Grübeln, warum wir so viel durchmachen mussten, bloß um wieder dahin zurückzukehren, von wo wir aufgebrochen sind, oder?

Aber das heben wir uns für ein andermal auf.

BILDNACHWEIS

Die im Folgenden aufgeführten Abbildungen stammen aus Manuskripten, die vor 500 bis 1500 Jahren angefertigt wurden. Davon ausgenommen sind die Bordüren auf den Seiten 4–5, 6, 8, 19–20, 198: © Sakemomo/Shutterstock, sowie die Vignetten auf den Seiten 4, 56, 77, 80, 84, 92, 94, 180: © sharpener/Shutterstock; 5, 34, 50, 62, 88, 100, 180: © Net Vector/Shutterstock; 60, 64, 68, 74: © 123design/Shutterstock; 4–5, 17, 18, 22, 26, 30, 36, 38, 40, 42, 44, 48, 58, 66, 70, 72, 74, 78, 82, 86, 96, 102, 107, 109, 124, 130, 137, 156, 163, 172; 5, 55: ©Helen Lane/Shutterstock. Die Holzschnitte auf den Seiten v, 13, 18, 21, 35, 40, 42, 49, 97, 122, 140, 142, 178, 186, 206 stammen aus der Schedelschen Weltchronik, die ursprünglich 1493 gedruckt wurde.

S. 6 London, British Library, Harley 4431, fol. 95
S. 8 Los Angeles, J. Paul Getty Museum, MS 33, fol. 4v
S. 10 Los Angeles, J. Paul Getty Museum, MS 33, fol. 5v
S. 10 Los Angeles, J. Paul Getty Museum, MS 33, fol. 5v
S. 10 Los Angeles, J. Paul Getty Museum, MS 33, fol. 299
S. 11 Los Angeles, J. Paul Getty Museum, MS 33, fol. 299v
S. 12–13 London, British Library, Add. 15760, fol. 68v–69r
S. 14 London, British Library, Add 49999, fol. 40v
S. 15 Los Angeles, J. Paul Getty Museum, MS 37, fol. 67v
S. 16 Baltimore, Walters Art Museum, W.307, fol. 26r
S. 21 Yale, Beinecke Library, MS 425, fol. 48r
S. 22 London, British Library, Royal 6 E. VI, fol. 85v
S. 23 Cleveland, Cleveland Museum of Art, 1964.4, fol. 125r
S. 24 Los Angeles, J. Paul Getty Museum, MS Ludwig VI 2, fol. 148v
S. 25 Cleveland, Cleveland Museum of Art, 1964.4, fol. 230r
S. 27–29 Los Angeles, J. Paul Getty Museum, MS Ludwig IX 18, fol. 2–7
S. 30 Paris, Nationalbibliothek, Latin 920, fol. 180r
S. 31 Los Angeles, J. Paul Getty Museum, MS Ludwig III 1, fol. 36v
S. 31 London, British Library, Royal 2 B. VII, fol. 318
S. 31 London, British Library, Yates Thompson 7, fol. 174
S. 31 London, British Library, Add. 48988, fol. 52
S. 32 London, British Library, Royal 19 D. I, fol. 4v
S. 32 Los Angeles, J. Paul Getty Museum, MS 33, fol. 75
S. 32 London, British Library, Harley 2923, fol. 66
S. 32 London, British Library, Royal I E. IX, fol. 148
S. 33 London, British Library, Royal 15 E. VI, fol. 20v
S. 33 London, British Library, Royal 19 B. XV, fol. 30v
S. 33 Baltimore, Walters Art Museum, W.117, fol. 8v
S. 33 London, British Library, Yates Thompson 15, fol. 155
S. 34 London, British Library, Cotton Vespasian B. II, fol. 4v
S. 37 London, British Library, Arundel 93, fol. 155
S. 39 London, British Library, Royal 16 F. II, fol. 73
S. 41 New York, Met Museum, 1975.1.2490
S. 43 Baltimore, Walters Art Museum, W.658, fol. 185b–186a
S. 44 London, British Library, Royal 20 C. VII, fol. 208v
S. 45 Los Angeles, J. Paul Getty Museum, MS Ludwig IX 5, fol. 197
S. 45 London, British Library, Harley 4425, fol. 140
S. 45 Baltimore, Walters Art Museum, W.435, fol. 57r
S. 45 Los Angeles, J. Paul Getty Museum, MS 2, fol. 175v
S. 46 London, British Library, Stowe 955, fol. 9a
S. 46 London, British Library, Royal 6 E. VI, fol. 286v

S. 47 London, British Library, Add. 42130, fol. 166v
S. 47 London, British Library, Add. 42130, fol. 87v
S. 48 London, British Library, Royal 14 E. II, fol. 338
S. 48 Los Angeles, J. Paul Getty Museum, MS Ludwig IX 18, fol. 6v
S. 50 Stuttgart, Württembergische Landesbibliothek, Cod. Don.123, fol. 121v
S. 51 London, British Library, Add. 42130, fol. 82
S. 51 London, British Library, Sloane 2435, fol. 44v
S. 52 Baltimore, Walters Art Museum, W.88, fol. 169r
S. 52 Baltimore, Walters Art Museum, W.82, fol. 42r
S. 52 Baltimore, Walters Art Museum, W.440, fol. 91r
S. 52 Baltimore, Walters Art Museum, W.88, fol. 186r
S. 53 Paris, Nationalbibliothek, Français 12399, fol. 99r
S. 53 London, British Library, Yates Thompson 13, fol. 94v
S. 53 London, British Library, Yates Thompson 13, fol. 106v
S. 54 Los Angeles, J. Paul Getty Museum, MS Ludwig IX 16, fol. 5
S. 57, 59 London, British Library, Harley 4431, fol. 376
S. 60 London, British Library, Yates Thompson 13, fol. 167v
S. 60 London, British Library, Stowe 17, fol. 106r
S. 61 London, British Library, Royal 10 E. IV, fol. 313v
S. 61 London, British Library, Egerton 881, fol. 141v
S. 63 Heidelberg, Universitätsbibliothek, Cod. Pal. germ. 848, fol. 178r
S. 63 Los Angeles, J. Paul Getty Museum, MS 33, fol. 55v
S. 66 London, British Library, Royal 10 E. IV, fol. 139
S. 67 London, British Library, Harley 4425, fol. 24
S. 67 London, British Library, Royal 16 G. VI, fol. 362
S. 67 Los Angeles, J. Paul Getty Museum, MS 81, fol. recto
S. 67 London, British Library, Yates Thompson 26, fol. 1v
S. 69 London, British Library, Harley 5294, fol. 43
S. 70 London, British Library, Harley 4431, fol. 150
S. 70 London, British Library, Harley 4431, fol. 98v
S. 71 London, British Library, Royal 19 B. XVII, fol. 109
S. 71 London, British Library, Royal 20 A. XVII, fol. 14v
S. 71 London, British Library, Harley 4425, fol. 30v
S. 71 London, British Library, Royal 16 G. V, fol. 93
S. 73 London, British Library, Royal 6 E. VI, fol. 104
S. 73 London, British Library, Egerton 881, fol. 128v
S. 73 London, British Library, Royal 14 E V, fol. 94
S. 76 Los Angeles, J. Paul Getty Museum, MS 109, fol. 156
S. 78 Stuttgart, Württembergische Landesbibliothek, Cod. Don.A.III.54, fol. 117v
S. 78 Stuttgart, Württembergische Landesbibliothek, Cod. Don.A.III.54, fol. 108v
S. 79 Stuttgart, Württembergische Landesbibliothek, Cod. Don.A.III.54, fol. 121v
S. 79 Stuttgart, Württembergische Landesbibliothek, Cod. Don.A.III.54, fol. 126v
S. 79 Stuttgart, Württembergische Landesbibliothek, Cod. Don.A.III.54, fol. 94v
S. 79 Stuttgart, Württembergische Landesbibliothek, Cod. Don.A.III.54, fol. 116v
S. 80 London, British Library, Royal 20 C. IV, fol. 198
S. 80 London, British Library, Yates Thompson 13, fol. 68v
S. 81 Los Angeles, J. Paul Getty Museum, MS 2, fol. 13v
S. 82 Darmstadt, Universitätsbibliothek, Hs 2505, fol. 55r
S. 83 Baltimore, Walters Art Museum, W.88, fol. 115v
S. 83 Los Angeles, J. Paul Getty Museum, MS Ludwig IX 5, fol. 155
S. 83 London, British Library, Royal 16 G. VI, fol. 309r
S. 83 Los Angeles, J. Paul Getty Museum, MS Ludwig XIV 9, fol. 34
S. 85 London, British Library, Royal 10 E. IV, fol. 18v
S. 85 London, British Library, Lansdowne 451, fol. 234
S. 86 Paris, Nationalbibliothek, Arabe 3929, fol. 122r
S. 89 Philadelphia, UPenn, MS Codex 109, fol. 137r
S. 90 Kopenhagen, Det Kgl. Bibliotek, MS Thott 290, fol. 14v
S. 91 Los Angeles, J. Paul Getty Museum, MS 63, fol. 282
S. 92 Augsburg, Universitätsbibliothek, Cod. I.2.2° 24, fol. 62r
S. 92 Heidelberg, Universitätsbibliothek, Cod. Pal. germ. 848, fol. 189v
S. 93 Los Angeles, J. Paul Getty Museum, MS 33, fol. 184v
S. 93 London, British Library, Royal 18 E. I, fol. 172
S. 93 London, British Library, Royal 17 F. II, fol. 344
S. 94 London, British Library, Royal 14 E. IV, fol. 267v
S. 95 Kopenhagen, Det Kgl. Bibliotek, MS Thott 290, fol. 80v
S. 95 Kopenhagen, Det Kgl. Bibliotek, MS Thott 290, fol. 82v
S. 95 Kopenhagen, Det Kgl. Bibliotek, MS Thott 290, fol. 81v
S. 98 London, British Library, Harley 4375, fol. 141
S. 99 London, British Library, Royal 16 G. V, fol. 23v
S. 99 London, British Library, Yates Thompson 13, fol. 178
S. 100 London, British Library, Royal 16 G. VI, fol. 161

S. 100 London, British Library, Yates Thompson 13, fol. 156
S. 101 London, British Library, Royal 2 B. VII, fol. 221
S. 101 Los Angeles, J. Paul Getty Museum, MS Ludwig XI 7, fol. 64
S. 101 London, British Library, Royal 16 G VI, fol. 424v
S. 104 Cleveland, Cleveland Museum of Art, 1963.256, fol. 24v
S. 104 London, British Library, Add. 25698, fol. 7
S. 105 New York, Met Museum, 69.86, fol. 331r
S. 106 Los Angeles, J. Paul Getty Museum, MS 64, fol. 117
S. 108 Los Angeles, J. Paul Getty Museum, MS 101, fol. 103v
S. 110 Los Angeles, J. Paul Getty Museum, MS 100, fol. 8
S. 111 London, British Library, Royal 12 F. XIII, fol. 5v
S. 112 Los Angeles, J. Paul Getty Museum, MS 27, fol. 23v
S. 112 Los Angeles, J. Paul Getty Museum, MS 100, fol. 18v
S. 113 London, British Library, Royal 2 B. VII, fol. 120v–121
S. 113 London, British Library, Royal 12 F. XIII, fol. 29
S. 114 London, British Library, Harley 3244, fol. 49v
S. 115 Los Angeles, J. Paul Getty Museum, MS 100, fol. 10
S. 115 London, British Library, Burney 97, fol. 25
S. 115 Rome, Biblioteca Casanatense, MS 459, fol. 97r
S. 116 London, British Library, Add. 42130, fol. 179
S. 117 Yale, Beinecke Library, MS 404, fol. 51r
S. 118 London, British Library, Royal 12 F. XIII, fol. 26v
S. 119 London, British Library, Royal 10 E. IV, fol. 49v
S. 119 London, British Library, Royal 10 E. IV, fol. 48v
S. 120 Zürich, Zentralbibliothek, Ms Rh hist 161, Seite 87
S. 121 Baltimore, Walters Art Museum, W.438, fol. 161v
S. 121 Paris, Bibliothèque Mazarine, MS 62, fol. 70v
S. 121 Yale, Beinecke Library, MS 404, fol. 148r
S. 122 London, British Library, Burney 97, fol. 20v
S. 123 Oxford, Bodleian Library, MS Bodl. 764, fol. 22v
S. 125 Los Angeles, J. Paul Getty Museum, MS 33, fol. 229v
S. 125 London, British Library, Sloane 2435, fol. 48v
S. 126 London, British Library, Royal 12 F. XIII, fol. 24v
S. 127 London, British Library, Royal 12 C. XIX, fol. 29v
S. 127 Los Angeles, J. Paul Getty Museum, MS 100, fol. 27v
S. 128 London, British Library, Royal 10 E. IV, fol. 44
S. 129 Los Angeles, J. Paul Getty Museum, MS Ludwig IX 5, fol. 98
S. 129 London, British Library, Add. 42130, fol. 64v
S. 130 Los Angeles, J. Paul Getty Museum, Ludwig IX 19, fol. 143v
S. 131 Badener Nelkenmeister: Passionsaltar (Jesus vor Herodes Antipas). 15. Jh., Musée des Beaux-Arts, Dijon.
S. 131 London, British Library, Royal 20 A. II, fol. 8v
S. 131 London, British Library, Royal 20 A. II, fol. 8v
S. 132 Los Angeles, J. Paul Getty Museum, MS Ludwig IX 8, fol. 11
S. 133 London, British Library, Burney 97, fol. 19v
S. 133 Los Angeles, J. Paul Getty Museum, MS Ludwig XV 4, fol. 119
S. 134 Los Angeles, J. Paul Getty Museum, MS 100, fol. 17v
S. 135 London, British Library, Royal 12 F. XIII, fol. 11v
S. 136 London, British Library, Royal 19 D. III, fol. 5v
S. 138 London, British Library, Royal 12 C XIX, fol. 38
S. 139 London, British Library, Royal 12 F. XIII, fol. 49
S. 139 London, British Library, Yates Thompson 36, fol. 162
S. 140 Los Angeles, J. Paul Getty Museum, MS Ludwig XV 3, fol. 78
S. 141 Los Angeles, J. Paul Getty Museum, MS Ludwig XV 4, fol. 81v
S. 141 London, British Library, Add. 62925, fol. 86v
S. 142 Paris, Nationalbibliothek, Français 12400, fol. 75v
S. 143 London, British Library, Royal 2 B. VII, fol. 91v
S. 143 Oxford, Bodleian Library, MS Ashmole 304, fol. 47v
S. 144 Los Angeles, J. Paul Getty Museum, MS Ludwig XV 4, fol. 49v
S. 145 London, British Library, Harley 4751, fol. 41v
S. 146 Los Angeles, J. Paul Getty Museum, Ms. Ludwig XV 3, fol. 74v
S. 147 London, British Library, Royal 2 B. VII, fol. 93v–94
S. 147 Los Angeles, J. Paul Getty Museum, MS 100, fol. 41v
S. 148 Los Angeles, J. Paul Getty Museum, MS 100, fol. 38v
S. 149 London, British Library, Harley 3448, fol. 10v
S. 149 London, British Library, Yates Thompson 12, fol. 120
S. 150 Los Angeles, J. Paul Getty Museum, MS Ludwig XV 4, fol. 21v
S. 151 Los Angeles, J. Paul Getty Museum, MS 100, fol. 41
S. 152 London, British Library, Harley 4751, fol. 47
S. 153 Baltimore, Walters Art Museum, W.82, fol. 184r
S. 153 London, British Library, Royal 19 D. III, fol. 266
S. 154 Los Angeles, J. Paul Getty Museum, MS Ludwig XV 3, fol. 71
S. 154 London, British Library, Harley 3244, fol. 52
S. 155 Los Angeles, J. Paul Getty Museum, MS 100, fol. 40
S. 155 London, British Library, Egerton 613, fol. 34r
S. 155 London, British Library, Harley 4751, fol. 40

S. 155 London, British Library, Sloane 3544, fol. 24
S. 157 London, British Library, Yates Thompson 26, fol. 10v
S. 158 London, British Library, Yates Thompson 27, fol. 28v
S. 158 London, British Library, Yates Thompson 28, fol. 44r
S. 159 London, British Library, Yates Thompson 29, fol. 14r
S. 159 London, British Library, Yates Thompson 30, fol. 24r
S. 160 Philadelphia, UPenn, Oversize LJS 419, fol. 42r
S. 160 Philadelphia, UPenn, Oversize LJS 419, fol. 77r
S. 161 Bosch, Hieronymus: Der Garten der Lüste. Um 1500, Museo del Prado, Madrid.
S. 162 Los Angeles, J. Paul Getty Museum, MS 100, fol. 48v
S. 164 London, British Library, Add. 11639, fol. 518v
S. 165 Los Angeles, J. Paul Getty Museum, Ms. Ludwig XIII 5, v1, fol. 35
S. 166 Los Angeles, J. Paul Getty Museum, MS Ludwig XV 3, fol. 89v
S. 166 Darmstadt, Universitätsbibliothek, Hs 2505, fol. 61r"
S. 167 Paris, Nationalbibliothek, Français 145, fol. 7v
S. 168 London, British Library, Harley 3954, fol. 31v
S. 169 London, British Library, Royal 13 B. VIII, fol. 9
S. 169 London, British Library, Add. 42130, fol. 181
S. 170 London, British Library, Add. 18852, fol. 102
S. 171 Cleveland, Cleveland Museum of Art, 1964.4, fol. 193r
S. 171 London, British Library, Harley 5648, fol. 142v
S. 172 Baltimore, Walters Art Museum, W.37, fol. 190v
S. 173 Los Angeles, J. Paul Getty Museum, MS Ludwig IX 5, fol. 14v
S. 173 Cleveland, Cleveland Museum of Art, 1964.4, fol. 168r
S. 173 Edinburgh, University Library, Db. 3.20, fol. 25v
S. 173 Baltimore, Walters Art Museum, W.37, fol. 187v
S. 174 Oxford, Bodleian Library, MS Bodl. 764, fol. 51r
S. 175 Oxford, Bodleian Library, MS Douce 337, fol. 11v
S. 176 London, British Library, Royal 12 F. XIII, fol. 24
S. 177 London, British Library, Harley 4751, fol. 62v
S. 178 London, British Library, Stowe 17, fol. 185
S. 179 Los Angeles, J. Paul Getty Museum, MS Ludwig IX 16, fol. 60
S. 179 Los Angeles, J. Paul Getty Museum, MS Ludwig XV 1, fol. 47v
S. 180 Baltimore, Walters Art Museum, W.90, fol. 39r
S. 180 London, British Library, Yates Thompson 19, fol. 65r
S. 181 Paris, Nationalbibliothek, Velins-518
S. 181 London, British Library, Add 49622, fol. 162v, 193v
S. 181 Los Angeles, J. Paul Getty Museum, MS 124, fol. 32
S. 182 Los Angeles, J. Paul Getty Museum, Ms. 77
S. 184 Los Angeles, J. Paul Getty Museum, MS Ludwig IX 5, fol. 104v
S. 184 Los Angeles, J. Paul Getty Museum, MS 5, fol. 27v
S. 185 London, British Library, Burney 169, fol. 14
S. 185 London, British Library, Harley 2830, fol. 7
S. 186 Los Angeles, J. Paul Getty Museum, MS 33, fol. 103
S. 187 Los Angeles, J. Paul Getty Museum, MS 63, fol. 3
S. 187 London, British Library, King's 9, fol. 30v
S. 188 Los Angeles, J. Paul Getty Museum, MS 100, fol. 58
S. 189 London, British Library, Royal 2 B. VII, fol. 117
S. 189 Los Angeles, J. Paul Getty Museum, MS 33, fol. 212v
S. 189 Los Angeles, J. Paul Getty Museum, MS Ludwig XV 3, fol. 95v
S. 190 New Haven, Yale Center for British Art, Folio C 2014 4, fol. 18v
S. 191 London, British Library, Royal 2 B. VII, fol. 187v
S. 191 Los Angeles, J. Paul Getty Museum, MS 100, fol. 54v
S. 192 Zürich, Zentralbibliothek, Ms Rh hist 161, Seite 184
S. 193 Paris, Nationalbibliothek, Latin 8878, fol. 184v
S. 193 Paris, Nationalbibliothek, Latin 1226(1), fol. 44v
S. 194 Los Angeles, J. Paul Getty Museum, MS 100, fol. 58v
S. 195 London, British Library, Royal 2 B. VII, fol. 138v
S. 195 Los Angeles, J. Paul Getty Museum, MS 138, fol. 94
S. 196 London, British Library, Add. 36684, fol. 31r
S. 196 Paris, Nationalbibliothek, Latin 6838B, fol. 29v
S. 196 London, British Library, Harley 3244, fol. 55v
S. 197 Teheran, Nationalbibliothek. Abgerufen von der Library of Congress.
S. 197 Teheran, Nationalbibliothek. Abgerufen von der Library of Congress.
S. 198 London, British Library, Add. 17333, fol. 10v
S. 199 London, British Library, Royal 19 B. XV, fol. 9v–10v
S. 200 London, British Library, Royal 19 B. XV, fol. 30v
S. 201 London, British Library, Add. 17333, fol. 43
S. 201 London, British Library, Royal 15 D. II, fol. 117v